Una Familia Su Vision y Legado en la Historia de Mexico

Una Familia Su Vision y Legado en la Historia De Mexico

FERNANDO MENA

Número de Control de la Biblioteca del Congreso de EE. UU.:   2014912092
ISBN: Tapa Dura   978-1-4633-8820-1
               Tapa Blanda   978-1-4633-8822-5
               Libro Electrónico   978-1-4633-8821-8

Para realizar pedidos de este libro, contacte con:
Palibrio
1663 Liberty Drive
Suite 200
Bloomington, IN 47403
Gratis desde EE. UU. al 877.407.5847
Gratis desde México al 01.800.288.2243
Gratis desde España al 900.866.949
Desde otro país al +1.812.671.9757
Fax: 01.812.355.1576
ventas@palibrio.com
635908

ÍNDICE

Agradecimientos

Agradezco a mis padres por el regalo de vida que me hicieron.

A Editorial La Prensa, El Sol de México y El Excélsior.

Agradezco infinitamente a Imágenes proporcionadas por La Fototeca, Hemeroteca y Biblioteca Don Mario Vázquez Raña y a La Organización Editorial Mexicana S.A. de C.V.

El Universal, Agencia de Noticias El Universal Por la autorización de las imágenes de sus acervo cultural fotográfico.

A Iván Lipkies Velasco por su ayuda, asesoría, contribución y amistad.

Prologo

Con historias, con anécdotas, con cartas, recados, dichos populares o proverbios, tratare de contar esta historia tan mía, tan tuya, tan, de todos, porque esto, no es ni remotamente un legado de mi familia a México, sino el legado que mi familia recibió de México, a lo largo de más de trescientos años, y aunque increíble, por el sin numero de hechos que se relatan, es también un seguimiento cronológico de mis antepasados, transitando de la mano con la historia, con su abolengo, su nobleza y la tristeza de sufrir el cambio repentino en ese estilo de vida que habían llevando, pero al derogarse los títulos nobiliarios, al triunfo de la independencia, una historia real, como real es la historia de muchos mexicanos, de sus padres, sus abuelos, bisabuelos, tatarabuelos; esta es la historia de una familia mexicana de un lugar de México y en una fracción de tiempo... solo un puñito de tiempo.

Capítulo I

Mi infancia en San José

No me acuerdo de la primera vez que llegue a San José, no tengo el dato ni fotografía de ese evento, pero esto solo me hace pensar, sentir que, tal vez antes de nacer, yo ya habitaba San José como si fuera esa placenta o aquel caldo de cultivo donde, "me di, como la hiedra en humedad", tengo vivo los colores, los olores, las imágenes de mi infancia en San José, ese lugar en un punto que según las coordenadas geográficas se encuentra entre la latitud 19 31 ´26 .8" N y longitud 99´06´13.2 W, y donde también crecí, recuerdo claramente mis juegos de niño, me encantaba jugar en la tierra con unos muñequitos de plástico que representaban al zorro, al llanero solitario y a toro, caballos de muchos colores desde amarillos que no tenían ninguna relación con los caballos reales hasta los rojos que ya eran demasiado surrealistas para mis infantiles anos, recuerdo que al ser el mayor de los barones de mi familia y al llevarle cinco anos a mi hermano, mis primeros anos jugaba solo y no sé si era muy osado por parte de mi padre el haberme subido al caballo a los tres anos pero a los cinco anos se podría decir que yo ya era un muy buen jinete.

Lo que si era innegable es que siempre tuve una imaginación muy bien desarrollada pues solo estar en San José, hacia que mi imaginación volara y surgieran nuevas ideas y juegos muchos basados en los programas películas y caricaturas de la época, como el zorro o el llanero solitario.

Más tarde con mi hermano jugaba cuando lo convencía para ir a San José, a subirnos a los tractores o a las segadoras, a tirarnos sobre los alterones de frijol en vaina o a los montículos de avena o cebada, hacer castillos con las pacas de alfalfa o avena, jugar a la estampida, con los caballos cerreros del rancho, o a el sheriff contra los bandidos, que era una especie de escondidas con pistolazos le llamábamos a esos efectos especiales y bucales con sonido de balas que le daban más emoción al juego y así nos escondíamos en todo el casco de la hacienda, que por cierto tenía muchos escondites y pasadizos. Lo mismo podías esconderte en un hoyo donde nadie te encontraría como en un callejón obscuro que no era tan fácil de encontrar, o tal vez ese vértigo a la altura de una torre de agua a veinticinco metros de altura, o entre las patas complacientes de mulas caballos y asnos.

Y me llegan recuerdos de todos esos lugares e imágenes ahora mas vívidos cuando veo mis propios hijos jugando en el jardín, el acueducto, en la pileta, o en las escaleras, recuerdo cuando veo montar a mis hijos, como mi padre me instruía en equitación, en no soltar las riendas y agarrarlas con la mano izquierda, en apretar las piernas, en portar mi trajecito de charro como se debía, que fue de mi padre, que yo vestí y que ahora visten mis hijos y que cumple más de 72 años con la familia.

En todos los recuerdos de mi niñez en San José siempre había animales, ya sea los caballos que siempre había más de diez en los corrales de pastar, las ovejas que llegaron a ser más de doscientas, pocos años antes más de cuatrocientas cabezas de ganado bobino lechar, porquerizas con bastantes puercas amamantando a sus lechoncitos, unos chiqueros de empedrado y mampostería soleados y bien ventilados que durante muchos años se ubicaba en el jardín principal frente a las piletas ahora jardines de eventos.

Guajolotes y gallinas ponedoras en los gallineros, donde no faltaba un hermoso gallo con las plumas verdes y la cresta del cuello roja fuego, grande y sobrado, pisador como el que mas y con el que compartía un odio y miedo mutuo y que no paraba de corretearme cada vez que me veía ya fuera adentro del gallinero o en aquel patio trasero de la hacienda.

Llevo más de cuarenta años pasando por los linderos de lo que era la hacienda San José, y creo que todavía la miro con ojos de niño, veo la extensión que tenia y me cuesta creer que todo esto eran propiedades de la familia, y que ahora, muchas gentes trabajan en diferentes empresas, compañías e instituciones en esos espacios donde, años atrás mi abuelo Don Hermilo Mena Higuera montaba y disfrutaba de estas tierras.

San Juan Ixhuatepec estaba rodeado casi en su totalidad por terrenos que pertenecían a la Hacienda Santa Cruz en los linderos del Distrito Federal y Tlalnepantla zona oriente a 13 kilómetros del zócalo de la Ciudad de México.

Esta vasta porción de terrenos agrícolas en su mayoría, y que posteriormente se dividieran en tres grandes porciones entre los familiares, por así convenir a sus intereses ante las nuevas medidas agrarias.

Hacienda San José

Crecí escuchando de Hacienda Santa Cruz, la Hacienda madre que había sido entregada a mediados de 1700, por un hombre muy rico Don María José Escalona y Cortez con zendo título nobiliario, dada por Célula Real del Rey Carlos III de España 1717 –1765, esta era la Hacienda Santa Cruz, "La Hacienda madre," que aún conserva la antigua construcción de mediados del siglo XVIII y de la que posteriormente se formaran otras dos haciendas, San José y La Presa.

Santa Cruz que como digna representante de las Haciendas de abastos contaba con grandes bodegas silos y patios, también contaba con hermosos jardines y acueductos, esta era entonces la famosa Hacienda Santa Cruz rematada por Real Audiencia en 1796 a Don José Antonio Valdez y luego adquirida por Ignacio Enciso y aunque toda la vida escuche hablar de ella durante aquellas largas y amenas platicas de los adultos recuerdo que hablaban pasajes de la guerra con memoria fotográfica y de eventos en que se conocían secretos y leyendas urbanas de variados personajes que desfilaron y aventuras que acontecieron en esa hacienda Santa Cruz, que había sido de mi abuelo y sus hermanas, esta hermosa hacienda, no la conocía en su interior únicamente que de lejos, al pasar cerca de sus puertas siempre custodiadas por guardias de seguridad, que impedían pasar más adelante, y que conocí apenas en el año dos mil, gracias a un amigo, que es proveedor de Vidrio Plano de México, empresa que hasta 2007 fuese dueña de lo que fue la Hacienda Santa Cruz, y que fue vendida a mediados de los cincuentas, así pude conocerla personalmente, contando con las oficinas y terrenos aledaños suma casi tres cientos cincuenta mil metros cuadrados, siendo posteriormente subdivididos por Vidrio Plano, donde hoy se encuentran su oficinas, inclusive aun conserva la antigua capilla de la hacienda, una construcción de mediados del siglo XVIII con fosas mortuorias y campanario, forrada de madera en puertas y ventanas, así como vistosas cenefas y bóvedas con plafones con hermosas molduras de yeso y hojas de oro, confesionarios de madera y barandales también que dan paso al altar y una escalera para que se pudiera decir misa en una parte más alta, candiles de oro y cristal cortado, y hermosos emplomados y entintados de vidrio.

Contaba con unas hermosas pinturas de santos, ángeles y querubines muy rosados, y una pintura de Jesús cuidando unas ovejas así como un retablo de la Virgen de Guadalupe sobre otro cuadro de Jesús ambos enmarcados en madera tallada y como colofón un gran arco que une dos altares donde se sitúan del lado izquierdo un santo, esta capilla tiene una pequeña cúpula con ocho ventanas en forma octagonal y sobre de estas una pequeña cúpula con tres ventanitas, hermosos pisos de cerámica con eslabones estampados.

En fin una capillita muy pequeña pero muy bonita, y hoy en día se encuentra en estas hoy oficinas de esta empresa en el distrito federal.

En el año 1952 fue la primer venta que se hizo por la testamentaria de Doña Trinidad Mena viuda de Enciso, mi tía bisabuela, a dicha empresa del ramo industrial, yo conocía la fachada de la hacienda en fotografía, y cuando la conocí me quede fascinado, al compararlo con la foto, se mantiene igualita, tiene la fachada de piedra y tabique rojo, con ventanales y marcos de cantera, un par de columnas de tabique con una puerta de acero forjado, flanqueado por dos palmeras que te dan la bienvenida, por dentro es sumamente hermosa dos entradas por medio de unos vetustos y enormes zaguanes de madera que tímidamente dejan observar unos tallados que alguna vez fueron de un fino trabajo de ebanistas que dan acceso por un lado a lo que era el jardín y el patio de las macetas, que era gran jardín con una pileta en medio que se rodeaba por muchas macetas con un sin número de flores motivo principal en los jardines unas bellas escaleras de mármol, con una esplendida herrería de acero blanca, que rodea la parte superior del edificio con unos hermosos barandales de acero forjado y plomo, lugar que dominaba la vista del patio con una fuente y otra escalera de servicio,.

los muros del cubo de las escaleras trabajado con bellos relieves de madera en las paredes con unas caras de ángeles o querubines en la parte alta de las puertas de entrada a la sala principal y las recamaras, cenefas de aluminio garigoleadas, con unos grandes ángulos de acero forjado con motivos florales que detenían el techuelo de madera losetas de motivos de eslabones en los pisos de las escaleras y rojos térreos en otras áreas en otro jardín interior que da paso a los antiguos tinacales y aperos, entrando luego a unos arcos de piedra que nos dan paso a las caballerizas, corrales, y potreros y verme caminando sobre pasillos con pisos de cantera.

De pronto y algo que solamente yo note de todos los que estábamos ahí, es que el tipo de construcción es muy similar a San José por obvias razones, mi abuelo Hermilo Mena creció en esa hacienda y ahí vivió hasta que salió para casarse con mi abuela y construir la Hacienda San José, en un amplio terreno próximo a la Hacienda Santa Cruz cerca de las ruinas de una vieja hacienda, y que al parecer también se llamo San José de Coaxas, deje volar mi imaginación y mi memoria, una corriente de recuerdos, imágenes de viejas fotografías, inclusive antiguas platicas guardadas en alguna parte de mi cerebro primitivo de reptil, y me aplastaron de un solo tajo, me sentí identificado con mis raíces, y me hizo entender un poco más la historia familiar.

"Quiero aprender del pasado, penetrar en el porvenir y para esto, hacer fructificar el presente".

Tihamer Toth.

Segadora movida por auto

La ex Hacienda San José, es una casona del final del siglo XIX, y formo parte de tres haciendas junto con la Hacienda de la Presa, y La Hacienda madre, Santa Cruz, la cual ya conocemos, esta extensión de tierra formaba parte de la propiedad de un marques, en tiempos del Virreinato, era Don María José Escalona y Cortez, indio cacique, le fue entregada en Cedula Real por el Rey Carlos III de España 1717 -0 1765 al morir este es rematada por Audiencia Real en 1796 a José Antonio Valdez, se sabe que en el año 1908 en lo que ahora es la Hacienda, San José, existían los restos de una hacienda más antigua, la vieja Hacienda San José de Coaxas en ruinas, que estaba parcialmente demolida ya desde el año 1870, y lo poco que aun tenia, fue rapiñado por algunos vecinos del pueblo de San Juan Ixhutepec, quienes se robaban las lozas las piedras de su camposanto así como las herrerías, puertas, ventanas etc., a poca distancia mi abuelo Hermilo Mena decidió apartar un terreno donde edificar una nueva hacienda de menores proporciones, la hacienda San José, como venia comentando por estar en terrenos de la antigua hacienda San José de Coaxas.

Se termino de construir en 1918, faltando aun algunas etapas para terminarlo, y no podría decirse que era una gran hacienda como las conocíamos en el siglo XVIII, pero tampoco era un pequeño ranchito, está construido en un terreno de veinticuatro mil metros cuadrados, casi en su totalidad por piedra de la zona que por cierto es muy bonita y tiene la peculiaridad que presenta tres colores, una cara negra otra gris y otra café, la cual le da una tonalidad especial a las bardas de empedrado.

Se tiene documentada la construcción de las escaleras de San José.

pero lo más importante de esta obra concebida casi en su totalidad por Don Hermilo Mena Higuera, es que no tiene una sola varilla, es decir no cuenta con ninguna columna trabe o castillo de acero y concreto, solamente columnas hechas de tabique rojo recocido de una pequeña ladrillera que se tenía ahí mismo en San José, y que se monto ex profesamente para la construcción de la hacienda, las trabes eran de polines de madera y los muretes de carga eran de piedra de hasta un metro de ancho, los plafones y techos de bóveda catalana y cartesiana, sin omitir el sistema de acueductos para el riego muy novedosos y de gran importancia.

Hermilo aparece en unas fotos en plena construcción de la hacienda acompañado por un numeroso grupo de personas entre ellas los arquitectos y albañiles que ayudaron a la construcción.

Escaleras San José en construcción

No sé, pues no tengo pruebas fehacientes. pero algunas pistas revelan que Hermilo frecuentaba algún tipo de logias masónicas o convivía con algunos masones, en San José se puede observar algunos pisos cuadriculados, pentagramas imágenes a manera de los puntos cardinales, rosa de los vientos pero aparte de todo esto su comportamiento tan entregado tan respetuoso lo que le hizo tener muy buenas amistades buenas relaciones y también algunas envidias.

Yo, como mi padre, crecí en San José, ahí vi las tierras sembradas de maíz, de avena y alfalfa, pase largas temporadas en este lugar, escuchando los sonidos del campo los grillos en las tardes los croares de los sapos en noches de lluvia, los arrullos de las palomas en las mañanas aprendí a montar al cuidado de mi padre, conociendo mucho el comportamiento de los caballos, y de este tema podría hacer un libro, los caballos son un nervio grandote que recibe y da señales y sentimientos.

Como me acuerdo de muchos de los peones de la hacienda el famoso Rosalio, el filosofo de San Juanico, como le llamaban, y a otros que recuerdo son Ricardo, Carmelo y Justino que eran tlachiqueros, se quedaron muchos años al servicio de mi padre, y que aun sin educación, tenían grandes valores, estaban comprometidos con su trabajo y sus patrones a los que cuidaban y querían, eran esa gente de antes que era tan sincera, respetuosa, es muy simpático, pues aunque yo era un niño me llamaban patroncito, cosa que me causaba cierta extrañeza, pues no entendía todavía de clases sociales y diferencias económicas.

Es mi intención relatar como paralelamente a la historia de nuestro país, se fue desarrollando la vida y la historia de mis antepasados y mi familia y que ha sido monitoreada por una simple casualidad inaudita, desde los mediados de 1700 y que en forma cronológica relatare con la cual, daré a conocer momentos si acaso de carácter familiar e intimo, que directa o indirectamente vivieron mis antepasados, y que fueron relatados a sus hijos.

Mi padre Don Fernando Mena Rul y yo

A medida que transcurrían sus vidas, iban engrosando las vivencias y los relatos, tal y como yo los escuche en platicas familiares en casa de mis tías, a mis tíos, a mi abuela y sobretodo de mi padre en aquellas deliciosas sobremesas, en el antiguo comedor de San José, reuniones que acostumbraban hacer en la hacienda cuando mi abuela cumplía años o en las navidades y así como también en la casa, donde mis padres solían organizar tertulias y bohemias que dejaron en mi una serie de recuerdos entrañables y que compartiré, al menos para las próximas generaciones de mi familia, es decir mis hijos y sobrinos, y si en el remoto de los casos, llega a ser interesante para otras personas, pues que mejor, pero por ningún motivo intento que esto sea un tratado histórico, no me considero ni remotamente historiador, y mucho menos escritor.

Mi padre, Don Fernando Mena Rul, era hijo de Don Hermilo Mena Higuera y María de la luz Rul y Palma y tanto por el lado materno y paterno, venia de familias muy peculiares, su madre, descendiente de añejas familias españolas de sangre azul que se asentaron en México a finales del siglo XVII, los Condes de la Valenciana, y Casa Rul, su padre de ascendencia árabe y que venían de Mérida y se avecindaron en Hidalgo por esas mismas fechas.

Cronológicamente, comenzare narrando de mis antepasados paternos los Condes de la Valenciana y Casa Rul, no podemos dejar pasar por alto revisar someramente, la Independencia de México, y como estos, vivieron durante esta nueva etapa de México con la prohibición de los títulos de nobleza,

Escudo Conde de la Valenciana

Luego hablare de los Mena y como enfrentaron la Revolución Mexicana, y si en verdad ellos palparon en esta revolución un cambio positivo para el país.

Capítulo II

"Blasones de la Familia Rul"

Apellido Catalán que se encuentra escrito Rul o Rull indistintamente, extendido por Islas Baleares y Valencia, con antiquísima casa en Pollensa en la Isla de Mallorca y ramas que se establecieron en Andalucía y México.

El primer caballero de esta familia de quien se tiene noticias fue Don Bernardo Rull, al que menciona Mosén Jaime Feber, en sus trovas señalando que se hallo con el Rey Don Jaime I de Aragón en la conquista del reino de Valencia.

Uno de sus descendientes, Don José Rul natural de Gandía fue armado caballero por el Rey Don Fernando el católico, por privilegio de este monarca dado en Medina del Campo de "Valladolid" el 26 de Abril de 1504.

Don Juan Rull vecino de Barcelona, obtuvo la misma merced por concesión de Don Carlos IV, cuyo soberano delego el espaldarazo, al capitán general de Cataluña, quien armo al nuevo caballero el 16 de Octubre de 1504.

Don Gines de Rull Hijosdalgo notorio de la Casa Solar y conocido caballero, fue uno de " Los 140 Escuderos" caballeros nobles que ayudaron a los Reyes Católicos en la reconquista del Reino de Almería, que en cuya ciudad disfrutaron de las preeminencias otorgadas a los conquistadores y pobladores, con numerosos repartimientos de casas y tierras, fue casado con la noble dama Extremeña Doña María Isabel Pizarro, padres de Don Juan Rul y Pizarro hijo de los antes comentados y que fue señalado exento de pago de los tributos y derramas del estado llano, en virtud ser hijo del conquistador, por disposición del cabildo celebrado en la referida capital (Almería) en la que desempeñaba el cargo de regidor, el 17 de Marzo de 1528.

A su vez había celebrado esponsales con Doña María Flores con quien tuvo, a Don Bartolomé de Rul y Flores, que también ostento la reguduría almeriense.

De la Fundación Mineral de Marfil que data de 1548 con el casual descubrimiento de la veta de plata de San Bernabé en el Mineral de la Luz, y la fundación de la ciudades Guanajuato en 1554, Real de Minas de Santiago, uno de las cuatro que se establecieron, en la región minera denominándole así y con total soberanía de los reyes de España Emperadores de las Indias Occidentales, donde se pretendía erigir un fortín para el resguardo de dichas minas de las tribus Chichimecas, Pames y Huachichiles, y bandidos y a falta de guardia militar que era casi nula.

A lo largo del siglo XVI, en el insipiente estado de Guanajuato, así fue progresando Real Santiago del Marfil, se construyo la Hacienda de Cuevas, con títulos expedidos en 1561, donde posteriormente fue construida una capilla dedicada al culto a la Santa Virgen María, y otrora hospital de indios, convirtiéndose en ciudad industrial en los siglos XVII y XVIII, llegando a tener diez mil habitantes antes de la Guerra de Independencia, la Hacienda de Santa Ana era propiedad de Condes de Casa Rul y la Valenciana.

En 1575 el Gobernador de la Ciudad de Almería determino que eran libres de gravámenes todas las personas que llevasen el apellido Rul por ser reputados como caballeros Hijosdalgo participantes en la toma de dicha población, y en la que fueron heredados, circunstancia que fue reconocida en los diferentes puntos donde se establecieron ramas de dicho linaje Rul.

A principios del siglo XVII, el famoso Galeón español Nuestra Señora de Atocha, transportaba oro y plata de América a España, para su posterior acuñamiento de monedas ya en tierras españolas y así mantener el control de toda la producción en la Madre Patria, y en uno de esos viajes llega a América otro de los primeros Rul, Don Diego Rul, sexto nieto de Don Gines Rul y que es mencionado en México atreves de los siglos, página 289 tomo III, cabe mencionar que el famoso Galeón Nuestra Señora de Atocha, hacia viajes desde la famosa Mina Potosina del Perú cargando más de cuarenta toneladas de plata y oro a cargo de

Don Juan Jiménez de Tapia desde 1619, pero debido a un mal tiempo y los mortales arrecifes en las costas de la florida funestamente encalla y se hunde en 1622, muriendo más de 260 pasajeros, a manera de dato, este mismo barco fue encontrado en 1973 por Mel Fisher, recuperando una innumerable cantidad de tesoros en monedas acuñadas, lingotes de plata y oro, medallas, joyería, carbón y artefactos del barco y personales inclusive más de 12 cañones, desatándose una cruenta guerra legal entre el gobierno y Mel Fisher por la posesión del tesoro que culmino con darle la razón a la familia Fisher poco tiempo después de la muerte de su descubridor en 1998, tuve oportunidad de visitar con mi familia el museo en Cayo Hueso Florida el territorio más cercano a cuba solo 88 millas.

Placa Museo en Cayo Hueso Florida

Museo Mel Fisher Florida

Cañón recuperado del barco Atocha

Don Diego José Rul vecino de la ciudad de Málaga, octavo nieto de Don Gines de Rul antes mencionado, obtuvo Real Provisión de Nobleza ante La Sala de los Hijosdalgo de la Real Cancillería de Granada el 8 de Abril de 1793, previas las probanzas e informaciones preceptivas en estos casos reconociéndole a él y sus hijos Don Diego Francisco, Don Joaquín José Doña Ana María y Doña María Teresa la Hidalguia de sangre de que disfrutaron sus antepasados.

Con fecha 7 de Noviembre de 1793 el mencionado Don Diego José Rul consiguió el refrendo de su noble calidad a través de la ejecutoria, que le despacho Don Carlos III, la cual presento ante el cabildo de Málaga para que allí se le reconocieran los privilegios de los demás Hijosdalgo, cuyo expediente se conserva en el Archivo Municipal de la Biblioteca del Ayuntamiento de la Ciudad de Málaga en el legajo de expediente de nobleza # 39 legajo 45-bis estante C. tercera tabla.

Del matrimonio que contrajo el repetido Don Diego José Rul con Doña Ana Calero y Navarro nacieron los expresados Don Diego Francisco, Don Joaquín José, Doña Ana María y Doña María Teresa de Rul y Calero, avecindándose los primeros en Guanajuato el año 1778.

En el año de 1780 se le otorga a Don Antonio de Obregón y Alcocer, el condado de la Valenciana y fue otorgado por. Carlos III el 23 de Marzo de 1780.

Don Antonio tuvo dos hijas, su único hijo murió muy joven y sin sucesión, la mayor María Ignacia de Obregón y de la Barrera.

Capítulo III

Independencia y Segundo Imperio

En esos tiempos fue un clamor casi mundial la lucha por la libertad, y de muchas maneras se gesto, España que había de lograr una gran expansión se enriqueció por su oro y plata y el abuso de la esclavitud ya desde la segunda mitad del s XVIII la producción minera se había triplicado, la Nueva España estaba creciendo en economía si acaso solamente en algunos sectores el comercio y desarrollo agrícola crecían el algunas ciudades sobretodo donde existía tráfico comercial y de abastecimiento, Veracruz que era una ciudad que creció más que nunca por su continuo intercambio comercial llegando a ser un monopolio comercial, obviamente la Ciudad de México, Puebla, El bajío y el norte del país, naciendo nuevas ramas de la economía, mas el sector más pobre y vulnerable no veía mejora en su economía.

Por otro lado en una marcada tendencia a clasificar a las personas según su origen y estatus social, surgen las 'castas', los peninsulares y extranjeros solían tener los mejores puestos y trabajos, los indígenas casi siempre eran los empleados con el trabajo más difícil, criollos mestizos los ocupaban otro lugar en la clase social y así se fue desarrollando la nación.

En otra parte del mundo desde el final del siglo XVII la Revolución Francesa la Independencia de los Estados Unidos, hacían un gran eco en las ideas de la Ilustración donde la ley y el hombre van en comunión y equidad surge el Iluminismo Francés, Napoleón Bonaparte en su afán de grandeza busca la expansión, en España mientras tanto ante la inminente invasión francesa, que ya había ocupado Portugal en 1807, hace que la familia real se divida, el príncipe de Asturias planea derrocar a sus padres instigado por Manuel Godoy, finalmente Carlos

IV abdica a favor de su hijo Fernando VII, el 19 de Marzo de 1808, cosa que no duro mucho pues Bonaparte por medio de engaños y a la fuerza en Bayona, lo hace ceda el reino de vuelta a su padre el 5 de Mayo, para así tomar el poder con un gobierno títere.

En México como en otras colonias aunque tomaron esto como un ataque, también los hizo recapacitar que no se notaba ningún cambio substancial con la llegada de un nuevo poder, y se preguntaban a quien era el nuevo soberano de las tierras de América a quien obedecer, por un lado un grupo apoyaba el gobierno francés de ocupación, otros apoyaban al depuesto por la fuerza Fernando VII, sobre todo los de mayor clase social otros sin embargo mestizos o criollos, no completamente complacidos por no formar parte de la planilla que gobierna y ordena, y que además tenían acceso a la educación y la influencia de las corriente ideológicas como la ilustración, pensarían acaso que tal vez ya era hora de caminar sus propios pasos en libertad y soberanía.

Y así tomando como ejemplo la independencia de estados unidos se empieza a gestar la idea de la separación de las colonias, ya España había dominado por trescientos años, tal vez ya era hora de seguir en solitario.

Los Dragones de la Reyna

En 1808 en varias ciudades se forman juntas provisionales para gobernar mientras Fernando VII se encuentra ausente.

En la nueva España se organiza un levantamiento generalizado en Caracas el 19 de Abril el 25 de Mayo en Buenos Aires el 20 de Julio en Bogotá el 10 de Agosto en Quito, Santiago de Chile, La Paz, en Valledupar, desde Perú el Virrey Abascal organiza una contra revolución que al principio logro derrotar la sublevación de Quito, Santiago de Chile y La Paz.

Los que eran hijos de los españoles eran denominados criollos y así distinguirlos de los peninsulares, estos normalmente recibían si así lo determinaba su estatus social, tierras de la corona así como indios para poderlas trabajar, tenían acceso a los más altos puestos en la corona y la iglesia católica.

Los mestizos eran continuamente discriminados por una sociedad intolerante que no los incluía, pero que trabajando como artesanos ayudantes o caballerangos y fueron poco a poco integrándose con cierta libertad.

Los indios eran casi parte de las tierras amanera de siervos feudales, y más abajo los esclavos negros.

Uno de esos grupos de criollos que encabezaban el Ayuntamiento de México a favor de un contrato social y el establecimiento de un gobierno soberano, proponen como Virrey a José de Iturrigaray el 5 de Agosto de 1808, el reconocimiento de dicha junta soberana aun si fuera sustituta y provisional implicaba la renuncia por parte de la corona de muchas concesiones y la amenaza de la permanencia peninsular en las colonias, lo cual no podía suceder, la Real Audiencia representada por su oidor Guillermo Aguirre, por otro lado el inquisidor Prado y Ovejero se pronuncia en contra de la tesis de soberanía, y es condenada de anatema de manera que pone en frontales oposiciones a este grupo con el ayuntamiento, finalmente la Junta de México se suprime el 15 de Septiembre de 1808, y con esto un golpe de estado encabezado por Gabriel Yermo, derrocando al Virrey Iturrigaray, e imponiendo a Pedro Garibay, con lo que el ayuntamiento es en parte encarcelado y orta parte desterrado.

Como veníamos comentando, desde 1788 los hermanos Diego Francisco y Joaquín José Rul y Calero, se avecinaron en Guanajuato, el mismo, Don Diego Francisco Rul y Calero oriundo de Alhaurin de la Torre Málaga, fue regidor perpetuo de la ciudad de Santa Fe, y del Real de Minas de la ya referida ciudad de Guanajuato, así como regidor del Ayuntamiento de Valladolid en Michoacán, del que fuera vecino, y Coronel de aquellas milicias provinciales y que finalmente, había celebrado esponsales en la señalada población el 1 de Junio de 1794 en su parroquia matriz, con Doña María Ignacia de Obregón y de la Barrera, que en sucesión de su hermano, Don Antonio de Obregón, segundo Conde de Valenciana, y el primero en derecho, pero que murió muy joven, por lo que Doña María Ignacia ostento la merced de Condesa de la Valenciana, como tercera titular, casada con Don Diego Francisco Rul y Calero primer Conde de Casa Rul, en este primer momento de la historia de la familia Rul se ostenta de dos condados, tanto la Condesa de la Valenciana, y el condado de Casa Rul, en una sola familia, es decir en el mismo matrimonio, la Condesa Doña María Ignacia de Obregón y La Barrera, esposa de Don Diego Francisco Rul Calero, aquí cabe mencionar que la boda de estos dos personajes a la que se le llamo, Las Extravagancias de una boda del siglo XVIII y que fue durante muchos años recordada, esta, entre.: Don Diego Francisco Rul y Calero y Doña María Ignacia Obregón y de La Barrera.

Palacio de Gobierno Aguascalientes

Postal mandada a mi padre

Cuentan que Guanajuato se regocijaba, mientras el ayuntamiento embaldosando las calles con barras de plata para esta boda de cuentos de hadas, el cortejo partiría del Palacio del Conde de Casa Rul, un esplendido edificio Neoclásico, obra del Arquitecto Francisco Tres Guerras, y cuya obra decía Humboldt, que podría servir de adorno en las mejores calles de París y Nápoles, el cortejo fue presidido por los padres de la novia, los Condes de la Valenciana, y Vizcondes de la misma mina, y su segunda hija la hermana de la novia, Doña Gertrudis, Condesa de Pérez Gálvez y por los condes de Sn Juan de Rayas.

Con fastuosidad decorados desde el portón del palacio neoclásico hasta los reclinatorios, tapizados con raso blanco, en el altar de basílica de nuestra señora de Guanajuato, que alfombraban con barras de plata a los pies de los desposados, mientras las demás iglesias del pueblo y del rumbo repicaron sus campanas que echaban al vuelo el tedeum oficiado en templo de la Mina de la Valenciana, como un obsequio a la primogénita, amada y muy querida hija de sus grandes benefactores los condes, y que los recién desposados recibieron de parte de sus más de siete mil trabajadores, recordemos que esta mina acuño más de la mitad del oro y plata que se mando a España de toda América y las demás tierras e islas.

En atención a los meritos contraídos, Don Diego Francisco Rul y Calero, en la Guerra de Francia, y a consulta de la Cámara de Indias fechada el 5 de Octubre de 1793, obtuvo que con el vizcondado previo de las tetillas se le crease I Conde de Casa Rul por Real decreto dado el 26 de Agosto de 1803, y Real despacho que le fuera extendido el 26 de Agosto de1804 murió en el sitio de Cuautla el 19 de Febrero de 1812, según México atreves de los siglos pág. 289 tomo III. En otras fuentes se dice que fue el 2 de Marzo y que curioso, en la misma batalla donde se recuerda a ¨ los emulantes¨, niños que *pelearon* en la resistencia que la ciudad al final que sus padres y varios adultos fueron masacrados por el ejercito realista después de más de setenta días y donde finalmente rompen el sitio los famosos niños Narciso Mendoza el niño artillero, y al mando del batallón infantil, nada menos que el hijo de José María Morelos y Pavón, Juan Nepomuceno Almonte el cual terminara la arremetida española con la ayuda de un cañón, con el cual abriera paso a la resistencia insurgente que la hizo replegarse, para que finalmente pudieran desalojar los ejercito insurgentes de Cuautla y dispersándose al oriente con rumbo de Izucar y Chiautla.

Poco antes, en 1808 Juan Francisco Azcarate y Lezama llega a México, famoso concejal de la noble ciudad de México e iniciador de la guerra de independencia de la Nueva España.

La Familia Rul

Doña Victoria de Rul y Obregón Calero y de la Barrera hija del Conde Don Diego Francisco Rul y Calero, anteriormente comentado, y Doña María Ignacia Obregón y Barrera, fue casada con su primo Don Juan de Dios Pérez Gálvez y Obregón de la Barrera, segundo Conde de Pérez Gálvez, como hijo de Don Antonio Pérez de Andújar y Gálvez, primer Conde de Pérez Gálvez y de Doña María Gertrudis de Obregón y de la Barrera, hija a su vez de Don Antonio de Obregón y Alcocer; el primogénito de este enlace fue el cuarto Conde de la Valenciana, Don Manuel de Rul y Obregón y segundo Conde de Casa Rul: ¨¨ se dice que un visitante ingles en 1830 exclamo Don Manuel es tan rico que podría viajar atreves de sus propias Haciendas desde la ciudad de México hasta la frontera de Estados Unidos, antes de perder los territorios en ese país

Primera etapa de la Independencia

En Querétaro mientras tanto un grupo de militares del ejército colonial y pequeños comerciantes que se reunían para hablar de política disfrazada de tertulias literarias se reunían en una academia entre estos figuraba un cura miguel hidalgo y costilla, un militar Ignacio Allende un industrial Juan Aldama, el Corregidor José Miguel Domínguez y su esposa Josefa Ortiz, luego conocidos como los conspiradores., los cuales no tardaron en ser descubiertos, estando las tropas realistas en Querétaro, Josefa alcanzo a avisar a Juan Aldama que salió hacia Dolores para poner al tanto a Hidalgo que no pensó dos veces en convocar al pueblo tocando las campanas de la parroquia, al principio Hidalgo levantaría al pueblo en la madrugada del 16 de Septiembre de 1810 al grito de Viva la Virgen de Guadalupe abajo el mal gobierno viva Fernando VII, luego se dirigió al presidio poniendo en libertad a los presos y acompañados por campesinos y algunos pertrechos se levantaron en armas ayudado por Allende y Mariano Abasolo que también juntaron pertrechos militares dirigiéndose a Atotonilco donde toma el estandarte de la virgen, yo diría la primer bandera mexicana, para seguir a San Miguel el grande y otras poblaciones reclutando en el camino a mas y mas campesinos donde en Celaya obtiene su primer gran victoria el 20 de Septiembre de 1810 donde Hidalgo es proclamado Generalísimo de América saliendo hacia el noreste tomando Salamanca Irapuato y Silao, llegando a Guanajuato el 29 de Septiembre de 1810.

Creo que Hidalgo no sabía hasta que punto tomaría importancia en estos hechos al principio estaría en contra de la ocupación francesa en las colonias y estaba a favor de Fernando VII pues al igual que los españoles veían en Napoleón una amenaza a la soberanía nacional y a la iglesia, pero después se permitió en pensar que tal vez también podría deshacerse de la opresión española en América, y de hecho comenzó a despertar resentimientos por parte de Ignacio Allende que era militar que obviamente tenía más conocimientos tácticos y el cual reclamo a Hidalgo que la tropa saquearan la ciudad enarbolando un retrato de Fernando VII, no entendiendo que la figura de Hidalgo al final pesaría mas, de hecho el intendente Riaño se parapeto en la Alondiga de Granaditas edificio muy fuerte y alto donde al poco tiempo son derrotados los españoles causando baja más de doscientos cincuenta soldados y otros más civiles refugiados en dicho lugar cosa que también reclamo Allende a Hidalgo acusándolo que se dejo llevar por la plebe.

Tomando Valladolid hoy Michoacán luego la Gran Batalla de las Cruces al poniente de la Ciudad de México donde Hidalgo derrota a los Realistas, pero que por poco conocimiento táctico, no llega a entrar a la ciudad regresando a Michoacán, no pudiendo llegar debido a que el Gral. Félix María Calleja del Rey, lo ataca en Aculco donde le produce más de seiscientas bajas y deserciones el ejercito insurgente, el cual se dividió regresando la mayoría a Guanajuato al mando de Allende, mientras otro grupo más menguado al mando de Hidalgo regresa a Valladolid donde obtiene de la iglesia, dinero soldados, jinetes, pertrechos, desgraciadamente Allende no fue apoyado tanto en su trayecto de regreso, y se reúne con Abasolo y Aldama en San Luis Potosí.

Durante su estancia en Guadalajara en una finca flanqueada por dos estatuas de perros, 'La casa de los perros', ahora la Casa Museo del Periodismo y Artes Graficas, Hidalgo promueve que se haga un panfleto que expusiera y denunciara las incongruencias del gobierno y unificara criterios de los lectores al movimiento independentista, de tres páginas que se repartiría dos publicaciones semanalmente llamado" el Despertador de América", y que salió el 20 de Diciembre de 1810, tuvo muy buena aceptación por lo que no tardo mucho en que se comenzó a hostigar su publicación, se traía en mulas y bajo las enaguas de las mujeres a la ciudad de México y podían pagar por el ejemplar hasta dos costales de frijol.

Solo salieron seis tirajes, por lo que su publicación duro un poco más de un mes, cuando fue clausurado el local y confiscadas las publicaciones e imprentas, en Enero de 1911, ahí mismo se quemo casi toda la producción del tiraje siete y por muchos años no se supo de él hasta que se encontraron algunos panfletos de la séptima edición, inclusive en la Biblioteca Nacional de Chile.

Hoy en el museo se presentan los siete tirajes del despertar de América.

En Monclova se gestaba un movimiento contrainsurgente ahí se reunirían con José Mariano Jiménez que ayudaría al ejercito a cruzar la frontera, en Saltillo otro mayor grupo del ejercito se pondría bajo las ordenes de Ignacio López Rayón regresando al sur rumbo a Michoacán, mientras tanto cerca de Monclova en Acatita de Bajan los insurgentes son capturados con engaños por Ignacio Elizondo el 21 de Marzo de 1811, donde son conducidos a Chihuahua y son fusilados veintidós miembros de la tropa insurgente entre ellos, Aldama, Allende y Jiménez el 26 de Junio, y para el 30 de Julio, las cuatro cabezas son llevadas de regreso a Guanajuato donde son expuestas en las cuatro esquinas de la alhóndiga de Granaditas, Abasolo es exiliado a España donde muere en prisión.

En Saltillo, Ignacio López Rayón poco antes fue nombrado jefe de las tropas insurgentes y con ayuda de José Ma. Liceaga logra conducir sus tropas a Zitacuaro y convoca la nombrada Suprema Junta Nacional Americana el 19 de Agosto de 1811.

Bajo el mando de Rayón estaba José Ma. Morelos y Pavón, el cual ya había tenido experiencia en algunos mandos regionales supeditado a la junta de Zitacuaro se le ordeno entrevistarse con Hidalgo en Indaparapeo este, no había podido verlo, por lo que Morelos lo fue siguiendo donde finalmente se habían reunido en Charo y se conocieron por única vez.

Morelos inicio su campaña en Caracuaro de ahí se interna en el Balsas y la Sierra Madre del Sur en Mayo de 1911 con ayuda de los hermanos Galeana y sus negros costeños, toman Chilpancingo Tixtla, Taxco y Cuautla.

En la costa grande se organiza un Congreso Nacional ahí es donde seguramente quedo muy claro para Morelos el conjuntar ideas al redactar y entregar a los congresistas un documento titulado Sentimientos de la Nación, donde a grandes rasgos, Morelos refleja su posición política en la que América es libre de España y otra nación gobierno o monarquía, en ese mismo congreso de Chilpancingo en Junio de 1813 rechaza ser llamado su alteza Generalísimo y se auto nombra Siervo de la Nación.

Aquí se trata de justificar el golpe armado al ser depuesto Iturrigaray aduciendo que América era dependiente del Rey de España pero no de la Nación Española y por esa razón la independencia no era con respecto a la corona sino al gobierno ilegitimo que se había formado, y con esto regresarían las cosas a su estado normal al regresar Fernando VII, pero la lucha ya no podía ser detenida si bien López Rayón en su cargo de Ministro Universal de la Nación, con el propósito de legitimarse ante el mundo convoca la junta de Zitacuaro, esta se forma llamándosele la Suprema Junta Nacional Americana el 19 de Agosto de 1811, dirigida a la elite criolla apoyada por Morelos como primer proyecto de Constitución Nacional se acuñaron las primeras monedas mexicanas e intentos de reconocimiento ante el exterior, de hecho se manda un embajador a Estados Unidos, algunas batallas que pasaron desapercibidas, siendo expulsados de Zitacuaro por Calleja en Enero de 1812 separándose el grupo insurgente por diferencias inconciliables.

Es sustituida la junta por el congreso de Chilpancingo convocado por Morelos en Junio de 1813.donde se discuten asuntos relacionados al futuro de México su soberanía nacional su adopción al catolicismo como religión oficial el derecho al voto abolición de la esclavitud, trabajos forzados y castigos físicos fin de monopolios gubernamentales, y se firma la declaración de independencia el 6 de Noviembre de 1813.

Comienzan las diferencias, Rayón desconoce a Morelos como Generalísimo, sobreviene el rompimiento se le retira el apoyo del congreso al salir este en fuga, no sin antes lograr redactar una Constitución jurada en Apatzingan el 22 de Octubre de 1814, esta constitución daba amplios poderes al congreso que pronto por miedo a su gran poder de convocatoria, van arrinconando a Morelos y dejándolo sin salida, por lo que al poco tiempo es detenido y pasado por las armas en Ecatepec, muy cerca de San José y al igual que los demás héroes de la independencia fue excomulgado y fusilado el 22 de Diciembre de 1815.

Segunda etapa de la Independencia

De aquí en adelante la independencia se torno en una guerra de guerrillas y surgieron nuevos caudillos Manuel Félix Fernández alias Guadalupe Victoria en Puebla, y nos imaginemos que era un magnifico mercadologó, al adoptar dicho sobrenombre, Vicente Guerrero en Oaxaca en el centro el liberal Francisco Javier Mina quienes más tarde fueran fusilados en Penjamo.

Por otro lado el Virrey Juan Ruiz de Apodaca en una de las ultimas arremetidas contra el ejercito insurgente al mando de Vicente Guerrero manda a un comandante de sus fuerzas, Agustín de Iturbide, criollo que desde principios de la independencia peleo y persiguió en varias ocasiones a Hidalgo y Morelos, un hombre sumamente religioso conservador, y protector de los privilegios sociales, y de la propiedad privada, pero insatisfecho de su bajo rango y precario salario, que llenaba las cualidades para ser comandante, mas no era tomado en cuenta, y que de manera fortuita coincide que en España se había dado un golpe militar que derroca a Fernando VII, al que obligan firmar la constitución liberal de 1812, con el golpe militar se cancela un envió de fuerzas para extinguir los movimientos independistas en las colonias americanas, triunfa la independencia finalmente, mientras los conservadores se levantan contra el breve régimen liberal en España, así es que se unen Iturbide y Guerreo, el primero proclama los tres principios y garantías del ser humano con un México independiente, gobernado por el Rey Fernando VII u otro príncipe europeo, criollos y peninsulares tendrían derecho a los mismos privilegios así como la iglesia mantendría su monopolio religioso, y su extenso poder siendo proclamado el 24 de Febrero de 1821.

El acta de la independencia de México fue firmada el 28 de Septiembre de 1821.

En 1820 Moisés Austin y varios cientos de nuevos americanos de las Luisianas francesas piden permiso al Gobierno Mexicano de Iturbide de emigrar a Tejas, este acepta, no sin ponerles ciertas restricciones.

En 1827 Guadalupe Victoria es informado que en Tejas es usada la esclavitud.

En 1834 los colonos tejanos comienzan a exigir la separación del territorio, Austin amenaza con la guerra y es encarcelado.

Fernando VII negó la legitimidad de de la independencia de las Colonias Americanas pero fue en vano, fue hasta el 28 de Diciembre de 1836 cuando se realizaros algunas negociaciones de paz y reconciliación firmadas por Doña María Cristina de Borbón la viuda de Fernando VII y José María Calatrava por España, por México Don Miguel Santa María y el presidente José Justo Corro.

Fue un golpe duro a la clase privilegiada a los terratenientes y especialmente a los que tenían títulos nobiliarios.

Doña María Josefa de la Peña y Azcarate

Durante el mandato del presidente Guadalupe Victoria, Don Manuel Gómez Pedraza 1789-1851 desempeño el cargo de Ministro de Guerra y Marina, entre 1825 y 1828, en las elecciones para suceder a Guadalupe Victoria sale triunfador Gómez Pedraza, mas Santana y Lorenzo de Zavala no le permitieron tomar posesión por lo que sale a huyendo a Francia, y así tomando posesión Vicente Guerrero y Bustamante de vicepresidente, con lo endeble de la política y algunas revueltas estos caen poco después y en 1832 antes de terminar su periodo presidencial se firma el tratado de Zavaleta, y los propios Santana y Bustamante pactan una amnistía y solo así, le entregan la presidencia por unos meses antes de terminarse el periodo en 1850, es otra vez postulado pero gana el general Mariano Arista.

Don Manuel Gómez Pedraza se casa con Juliana de Azcarate y de la Peña.

Un poco antes otro caudillo de las guerras de independencia, el General Don Miguel Barragán que nació en 1789 en San Luis Potosí, y era anti partidario recalcitrante de Iturbide, mas para su mala suerte al ser nombrado Emperador Iturbide, fue apresado y posteriormente puesto en libertad al establecerse la Republica, Barragán se une al Plan de Iguala y forma parte del Ejercito Trigarante, Don Miguel Barragán protagonizo una heroica defensa al Fuerte de San Juan de Ulúa en 1824, donde fue nombrado Comandante Militar, que haría expulsar a los españoles haciéndolos capitular el 25 de Noviembre de 1825, al mismo tiempo el Coronel Montaño se levanto en armas en contra de las Sociedades Secretas y quería expulsar al ministro de los Estados Unidos Poinsett, fue detenido y solo porque Guadalupe Victoria y Vicente Guerrero intercedieron por él, no fue fusilado, mas fue desterrado a Ecuador. El presidente interino Valentín Gómez Farías lo invita a regresar y ser Ministro de Guerra, poco después de ser Presidente Don Manuel Gómez Pedraza.

Don Miguel Barragán fue presidente interino del 28 de Enero de 1835 al primero de Marzo de 1836, tiempo en que se dedico a ayudar a los pobres inclusive con su propio dinero, partidario de la creación de una Republica Centralista, logro la paz y al tratar de evitar un levantamiento contra Santana, fue muerto el Primero de Marzo de 1836, su primo hermano era nada menos que Don Francisco de la Peña y Barragán.

En estas fechas se da la fatídica era de la perdida de varios territorios nacionales, en 1836 en una de tantas presidencias de Santa Ana que es capturado por Sam Houston y así firmando el tratado de Velasco.

En 1844 James K. Polk llega a la Casa Blanca aunque por solo trece meses nos da el peor golpe de la historia, envía a John Slidell a México sondear el terreno y a hablar con el presidente Herrera para comprar California, aunque este no lo recibe y rechaza la oferta.

Alejandro Atocha, México- Español- Americano, se entrevista con Santa Ana.

En 1846 siguen las hostilidades los americanos atacan Matamoros, la batalla, Resaca de Guerrero, en Junio toman Tampico y Reynosa.

En agosto batalla de La Angostura y entran a la ciudad de México en la batalla de Padierna, la de Churubusco, y del Castillo de Chapultepec.

Toman Nuevo México en Septiembre e invaden Mazatlán derrotando también a la Ciudad de Monterrey, en Octubre son bombardeados los puertos de Alvarado y Tampico, para luego en Diciembre cae Parras, y Paso del Norte hoy Ciudad Juárez.

Dona Josefa Azcarate y de la Peña

De mis antepasados

Francisco de la Peña y Barragán se casa con Doña Josefa Azcarate y de la Peña.

Como comento en el párrafo anterior en 1848 Manuel Gómez Pedraza, ex presidente de la republica, contrae nupcias con Doña Juliana Azcarate y de la Peña estos eran dueños de la Hacienda el Hospital y la finca Palo Grande cerca de Cuautla, y se regocijan al saber que sus cuñados, Don Francisco de la Peña y Barragán y su esposa Doña Josefa Azcarate y de la Peña, hermana de su esposa, habían tenido la bendición de procrear una bebita hermosa, nacida en 1847 y que recién llegaban de España, está linda niña seria María Josefa de la Peña y Azcarate (pepita), nieta de Don Juan Francisco Azcarate precursor de la independencia allá por 1808, la cual es antepasada mía por medio de la línea de la familia de mi padre.

Don Manuel Rul y Obregón, se casa con rica heredera de la familia Azcarate, Doña Josefina Azcarate y Lezama, procreando a Don Miguel M. Rul y Azcarate, su madre, Josefina, fue prima hermana de

Doña Josefa Azcarate madre de pepita, esta mujercita adelantada a su tiempo y digna representante de la mujer emprendedora mexicana, con tenacidad y aplomo, que dejo una huella imborrable.

Durante la guerra de 1847, Santa Ana yendo y viniendo, con más de diez cortos términos presidenciales, y mi querido México de "Las mil desgracias", aguantando con valor las arremetidas del invasor.

El 2 de Febrero de 1848 se hace el tratado de Guadalupe Hidalgo poniendo una frontera de el Alta California a Nuevo México, ahora lo llaman New México, Texas, Nevada, Arizona, Utha, Kansas, Oklahoma.
Siendo director del Monte de Piedad muere Don Manuel Gómez Pedraza el 14 de Mayo de 1851.

El 20 de Abril de 1853 llega de nuevo Santa Ana al poder para acabar con la venta de la Mesilla, tres meses después se encuentra oro en California que afortunados no? y Polk establece la frontera en el Rio Bravo.

En 1857 se aprueba la Constitución, y en 1858 Benito Juárez se convierte en Presidente de la Republica, llega la Reforma y sus leyes en 1859, y luego la Intervención.
Todos estos acontecimientos a nivel mundial marcarían la vida de varias personas, y hacen que pepita tras la muerte de su padre, quien siempre se preocupo de que fuera lo mejor preparada, educada meticulosamente por su madre luego, fue mandada a México con su tía Juliana, ya viuda en ese tiempo del ex presidente Manuel Gómez Pedraza, y que le induce el arte de la pintura, la cultura y una profunda sed de conocimientos, pepita hablaba francés y el ingles, muy apta para varios instrumentos y el canto, orgullo de la sociedad mexicana, tiene solo diecisiete años, pero estaría a punto de ser parte de nuestra historia, y del segundo imperio.
El 1861 muere Lola Montez la bailarina y cortezana española.
El 5 de Mayo de 1862 en Puebla es derrotado por el Generan Ignacio Zaragoza, el General Charles Latarille duque de Lorencez.

Capítulo IV

Tercer Imperio

El 10 de Abril de 1864 apoyado por Napoleón tercero y un grupo de adinerados círculos sociales en pro de la monarquía, en la de la Ciudad de México es nombrado Fernando Maximiliano de Habsburgo Emperador de México, hermano del emperador Francisco José de Austria-Hungría y esposo de Charlotte a Amalia de Bélgica y primero de la casa de Sajonia-Coburgo-gotha.

El Mariscal francés Francisco Aquiles Bazaine, jefe de las fuerzas expedicionarias del ejército francés en México, habitando el Palacio de Pérez Gálvez, en la plaza Buenavista, pasaba por un mal momento al enterarse del suicidio de su esposa, después de un amorío fatal, en París, tenía más de cincuenta años y no tenia mas que, triunfos militares en Argelia, Crimea y Sebastopol, para platicar, por ese tiempo es organizada un fiesta baile de gala, el 15 de Agosto de 1864, donde es invitada la tía Josefina y la propia pepita, donde conoce al mariscal Francisco Aquiles Bazaine, y en una historia de hadas y castillos es pedida por el mariscal, y casándose al poco tiempo, en Mayo de 1865, donde su boda es aprobada apadrinada por los mismos Maximiliano y Carlota que le obsequian el palacio, de Buenavista, y la nombran mariscala a sus diecisiete años, además de algunos otros importantes invitados como, el ministro Dano, representante directo de Napoleón, Don Faustino Goribar, el coronel Don Miguel María Rul y Azcarate, tío de pepita, el conde de Bonbelles, Don Manuel Álvarez y Rul, Federico a. Lindert, y su esposa Doña Ángela Rul de Lindert, el conde Del Valle, el Gran Chambelán de la Emperatriz, Don Lucas de Palacio, el Lic. Magarola, canciller de ler orden de Guadalupe y caballero de la Orden de Aguila Roja, de Prusia, Don Miguel de Rul y Azcarate.

Llego el gran mariscal Almonte y su esposa Doña Dolores Quezada el intendente Friant, el General Courtois d Hurbal los condes de Bombelles, el capitán de la guardia palatina Conde Del Valle, y otras trescientas personalidades, desde ese día en que se conocieron el mariscal cortejo a pepita consiguiendo pedir su mano.

El matrimoniose fijo para el 26 de Junio de 1865, ya desde antes de Mayo se comenzó a entregar las invitaciones que decían en francés;

Pepita Marechal François Achile Bazáine

Madame Vve. De la Peina y Acarate, a l´honneur de vous faire part du mariage de mademoiselle Josef de la peina y a Carate sa fille, avec s. e. le Marechal de France Bazaine, commandant en chef le corps expeditionnaire du Mexique Mexico le 26 Juin 1865.

Los padrinos de la boda fueron nada menos que los emperadores Maximiliano y Carlota, quien apretaba entre su pecho a una pepita extenuada por el constante ritmo para la preparación de la fiesta y el menaje desde hace meses, con motivo de su nueva vida en la corte del imperio.

Como dote recibieron el palacio de Buenavista, ahora museo de San Carlos construido por Manuel Tolsa, para su enajenación por el tiempo en que lo habiten como una prueba tanto de amistad, como agradecimiento a los servicios prestados a la patria, si algún día deciden regresar a Francia se le regresara a la nación contra un dote de cien mil pesos.

A partir de ese momento pepita comienza una relación muy cercana con los emperadores y es asistente asidua a todos los eventos de la corte así como se darían también sin numero de fiestas en su Palacio de Buenavista, poco tiempo después el mariscal Bazaine es mandado constantemente a viajes a diferentes países donde fueran requeridos sus servicios, por otra parte Napoleón estaba empeñado en retirar las fuerzas francesas en México. Al poco tiempo el tres de Junio de 1866, nace el primogénito del mariscal y pepita, Maximiliano Aquiles Bazaine y de la Peña, que es apadrinado obviamente por Maximiliano y Carlota y bautizado en la Capilla Imperial.

A los pocos días Almonte comunica que tras un consejo de ministros y por unanimidad se resuelve el retiro de las fuerzas francesas de México, por lo que el emperador tenia por sus propios medios mantener el control del país si en verdad era aceptado por el pueblo, el gobierno de Washington no lo apoyaba al reclutar por el gobierno de Viena soldados Austriacos para ayudar a sostener a Maximiliano y su frágil imperio, logrando poco, comenzando su resquebrajamiento.

Pepita fiel a su amistad es testigo de los últimos días del imperio así como de los pesares de Maximiliano con la diagnosis de locura de Carlota al no aceptar su suerte y el triste recuerdo de su último encuentro al acompañarlo hasta Ayutla donde sería la última vez que viera vivo a Maximiliano.

Con el retiro de las primeras columnas militares que se van, sale el Mariscal Bazaine y el General Castelnau en medio de alegres marchas interpretadas, por las bandas militares, si bien abandonaban la ciudad ante la fría mirada de la gente, también había una realidad, tras varios años en México los franceses dejaron amigos familias, conocidos leales adeptos empleados en fin, fue una ruptura traumática.

En la línea de carruajes de blancos corceles va pepita con su recién madre viuda, en el cruce de plateros y coliseo le despiden con cariño sus empleados que la adoraban.

Bazaine permanece unos días en puebla en espera de Maximiliano, al dirigirse a Orizaba se entera de la derrota del General Miramón, pero resuelve esperar por algún tiempo a Maximiliano no obstante del peligro que esto representaba, quemando en cambio pliegos secretos donde le piden se reúnan en Orizaba para abandonar el país e irse a

Europa, pero por cosas del destino no coinciden los mensajeros que se cruzan sin saber que uno de ellos lleva el recado del ministro Dano informando a Bazaine que el emperador se ha puesto al mando del ejército mexicano abandonando la ciudad y comenzando una escaramuza al interior del país.

El 27 de Marzo de 1867 a las once de la mañana, sale de Veracruz en el vapor 'Soberano' con el mariscal Bazaine, pepita y algunos funcionarios que melancólicos se despiden de sus gentes con las marciales notas musicales de fondo.

Tres años habían pasado desde aquella despedida en Veracruz, todavía la mariscala convalecía del nacimiento de su tercera hija la pequeña Eugenia, y aunque se empeñara en olvidar esos tiempos de bonanzas y ensueños, los recuerdos la invadían constantemente y la tristeza la embargaba, mientras que el emperador se perfilaba a una frenética carrera a su propio y funesto destino, y así el 19 de Mayo de 1867, todos sabemos el desenlace que tuvo el Emperador Maximiliano, quien fue detenido encarcelado y pasado por las armas en el cerro de las campanas.

Pasan los meses y la escenografía, pepita aun recuerda los atardeceres en el palacio de Buenavista, pero ahora desde su ventana se mira el parque de la Ecole militaire, al fondo cargado a la derecha Notre dame, el Palais Royale, las casas de la cite, el Palace des les Invalides, a la izquierda el Sena, al quai d´orsay y palace trocadeer, bellezas arquitectónicas que no mitigan su dolor ante el recuerdo de la muerte de su pequeño Maximiliano a escasos años de edad, el pequeño Max, de hermosos ojos azules que inevitablemente le recuerdan aquellos años en su México del alma, donde vivió el más dulce sueño hecho realidad, extraído de un libro de cuentos de hadas y reyes, y donde fue inmensamente feliz, donde permanecen sus recuerdos infantiles y familiares, así como los amargos recuerdos de su partida, su ultimo motivo de alergia había sido el nacimiento de su segundo hijo Francisco, alegre y juguetón.

A esas épocas el mariscal había sido nombrado desde su regreso de México jefe de la Guardia Imperial de Napoleón y a la vez director de la escuela militar de Paris, en esos días llegan a visitarlos de México el Coronel Miguel María Azcarate tío de pepita y padrino del pequeño Francisco.

Para esos años se desarrollaba la guerra contra Prusia, en 1870 el emperador está agotado con los constantes disturbios.

Por su parte la mariscala goza ahora de la amistad de la emperatriz de Francia esposa de Napoleón III, y de origen Español Eugenia de Montijo, mayor sustancialmente que pepeita, cuya simpatías para con la pequeña mexicanita a la cual llamaba cariñosamente, "La Comadrita" y que así lo eran, al haberle bautizado a su pequeño y con la que disfrutaba pasear por las avenidas de Versalles charlar en Champs Elisees, sobretodo en español, por lo que de nuevo se desarrolla como en México una brillante vida social donde desde la emperatriz pasando por las más exquisitas personalidades de la nobleza, la sociedad, artistas y escritores se daban cita en el palacio de la mariscala y su esposo, donde se exponían las colecciones de obras de arte especialmente porcelanas y abanicos consentidas de pepita pero donde también se limaban asperezas entre diferentes sectores o partidos, en estas tertulias era donde pepita tocaba el piano o cantaba hermosas coplas mexicanas.

Al poco tiempo comienza la guerra en Francia, Bazaine es nombrado jefe del ejercito de Francia y sale rumbo Metz en el Rhin, pepita sabe que este viaje es peligroso para su esposo, bajo una copiosa nevada y con una profunda tristeza pepita se dirige a la estación de tren donde un carro especial lo conducirá a un puerto en el mediterráneo, acompañada de su madre, y el coronel Don Miguel María Rul y Azcarate, tío de pepita,

Don Antonio Alvarez Rul 1894

El señor Antonio Álvarez Rul hijo de Don Manuel Álvarez Del Mazo y María Dolores Rul y Azcarate, algunos amigos y antiguos oficiales de Bazaine lo despiden, luego sufre días de angustia en el trayecto donde no sabía que le esperaba, el emperador en Chalons y la emperatriz oponiéndose a que regrese a Paris, Bazaine sitiado por los Prusianos, el Mariscal Mac Mahon herido, Napoleón en Sedan, Bazaine sigue bloqueado en la plaza con más de ciento setenta mil soldados intentando salir, sin agua ni provisiones fracasando en todo intento, lo que lo hace rendirse y para no exponer a una muerte inminente a su ejército, se ve firmando la rendición el 29 de Octubre de 1870 ante los comandantes Ladmirault, Leboeuf, Canrobert, Frossard, Desvaux, de la guardia imperial, Changarniers y los jefes Coffiniers Lebrun Soleille Jarras, y Changarniere y claro el mismo Bazaine, que desde ese momento queda prisionero del propio príncipe Federico Carlos de Prusia donde se le condena a muerte, poco después tras intentos políticos se le conmuta la pena, y es sentenciado a veinte años de prisión, donde es mandado a la isla de Santa Margarita célebremente conocida por haber albergado al hombre de la máscara de hierro, en el siglo XVII.

Luego es llevado a la ciudad de Cassel, Y en una casa de campo donde es instalado a manera de prisión el vencido mariscal, en ese tiempo nace su cuarto hijo Alfonzo, tiempo en que el valor y la entereza de pepita hacen que por medio de sus amistades y su incansable determinación logra crear conciencia del encarcelamiento de su esposo al grado de hablar con el presidente de Francia mariscal Mac Mahón antiguo compañero militar de Bazaine, y que además compartían las aspiraciones de poder, por lo que los hacía enemigos, y no dudo en fríamente externarle que sería imposible la excarcelación de su esposo es más, tardaría todavía mucho tiempo prisionero, por lo que posteriormente, al reunirse con su esposo pepita le pide al presidente que debido a su edad y situación anémica le sea concedida aunque sea un cambio de prisión, cosa que también fue negada, pepita se traslada a vivir casi seis meses con su esposo en la isla.

En esos años en la ciudad de Spa famosa por sus conocidas aguas transparentes y sulfurosas y saludables propiedades, ahí reside desde hacía algunos años Don Antonio Álvarez Rul, joven destacado de la colonia mexicana, residente en Paris, que había organizado una reunión en compañía de su hermano Manuel y donde narraría una historia increíble, la evasión del marisca Bazaine de la isla de Santa Margarita.

La narración versaba así.

Estando en Paris después de unas semanas de vacaciones en Biarritz Don Antonio Álvarez Rul recibió un telegrama de su tía pepita, ella le pedía verlo en casa del arquitecto Adolphe, Bazaine en la rue dámsterdam para pedirle apoyo, pues desesperada por su fallido intento con el presidente, el Mariscal Mc Mahón por la exoneración de su esposo, y traumada por el ostracismo de gentes cobardes que no estaban convencidas de ayudarla, había pensado la idea de ayudar a su esposo a fugarse y no confiaba en nadie más que en Antonio Alvares Rul su querido primito, cosa que el acepto inmediatamente, lo primero que hicieron fue irse a Niza en busca de un militar retirado, el capitán Doineau que le debía la vida al mariscal Bazaine en Argel donde fue condenado a muerte, y ayudado a salvar el pellejo al ser conmutada la sentencia por solicitud del propio Bazaine.

Agradecido el capitán se disfrazo de pescador y se dedico a rondar la isla a la misma hora que el mariscal se acostaba a tomar el sol en una playita, con algunos trabajos al principio, se contactaron y se pusieron de acuerdo, Bazaine tenía que conseguir una cuerda y cierto día en que se pactara, a las diez de la noche, un bote de remos pasaría a recogerlo, pepita como siempre ya se encontraba lista para ayudar a la evasión de su esposo, debido a esos seis meses de haber vivido en la isla, y que conocía lo suficiente, ya tenía todo un plan ideado con información detallada de costumbres y horarios en la isla, una vez todo planeado, Doineau los llevo a Genova para contratar un pequeño barco de vapor "el barón Ricaroli" cuyos armadores la compañía Peirano Danovar rentaron en 1000 francos diarios a pepita y Antonio haciéndose pasar por un matrimonio en luna de miel, pagando por adelantado seis meses y estableciendo que podían parar donde quisieran con rumbo a Cannes Marsella y hasta a Barcelona es más, sin ruta fija, a las ordenes del matrimonio y al cargo del capitán Ciechi, saliendo de Génova al día siguiente temprano llegando a golfo de Jouan cerca de Cannes ya cerca a la isla de Santa Margarita hicieron algo de tiempo en San Remo para esperar a que anocheciera usando un bote de remos.

Se acercaron a las rocas a las que el fuerte oleaje separaba constantemente ahí ya estaba Bazaine que torpemente no perdía las esperanzas de que se acercaran cosa que no sucedió por lo que tuvo que aventarse al agua donde con trabajos fue asido y tratado de subir a la lancha por Antonio y pepita que finalmente y después de muchos trabajos lo lograron, pepita lloraba Bazaine la abrazaba, bendecía y agradecía a Antonio quien emocionado y preocupado, remaba con mas brío que al principio, a las dos de la mañana ya estaba libres, regresaron al vapor, con alguna extrañeza apenas sintieron la presencia del nuevo pasajero, se informo poco después que el viaje por barco se cancelaba y almorzando en un pequeño restaurante y tomaron el tren a Suiza, al llegar casi toda Europa estaba enterada de la fuga de Bazaine inclusive adaptando diferentes versiones las mas, exageradas e inverosímiles, unas, que sus antiguos oficiales habían perpetrado los hechos. Otros que un pescador solitario arropado a la anuencia de los guardias por una cuantiosa fortuna.

Por fin ¡la libertad total, y mientras tanto se creía que pepita estaba en esos momentos en Bruselas, iban en un ferrocarril hacia Alemania un día más tarde en Bélgica se dice que aunque Bazaine envejeció veinte años, se sentía de veinte Abriles, optimista y propositivo completamente feliz.

La vida continúo su paso acelerado, la pequeña Eugenia ya una mujer hecha y derecha recordando la muerte de su abuela en Madrid hace algunos años.

Después, sus hermanos, Alfonzo todo un capitán de Dragones del Ejercito Francés el pequeño Paco ya todo una joven promesa reunidos ante la carroza de cuatro caballos negros empenachados que llevan los restos de su padre el excelentísimo mariscal Bazaine en Madrid de 1888.

Eugenia y pepita fueron muy unidas por ser madre e hija por su género, por compartir el culto casi divino al Mariscal Bazaine, y por compartir tantas experiencias y tantos tragos amargos, y la entereza de soportarlos, como la muerte del pequeño Maximiliano la muerte de la abuela en Madrid, posteriormente la muerte de Paco en el pueblito de Zongo en Cuba cuando peleo por España, por lo que pepita ya no quiso regresar a Madrid jamás.

Finalmente en 1900 la salud de pepita fue menguando y después de una larga enfermedad, el cáncer, donde postrada en una cama con fuertes dosis de morfina para el dolor, pareciera recordar de una sola pasada, todo lo que la vida le dio, lo que le toco vivir a quien conoció, y lo que amo, todo valió la pena.

Josefa de la Peña y Azcarate murió el siete de Enero de 1900, y el día 8 de Enero, la mariscala Bazaine fue sepultada en el Panteón

Francés en la capilla donde están los restos de su abuelo, el señor presidente Don Manuel Pedraza.

El Mariscal Bazaine, Doña Josefa Azcarate de la Peña, madre de pepita, y Eugenia fallecida en Madrid en 1935, están sepultados en el Cementerio de San Justo de aquella ciudad.

Los hijos, también, Maximiliano el primogénito en el de Perelachasse en Paris y Francisco en el de Zongo Cuba.

Alfonzo que realizo una excelente carrera militar como capitán del ejército español, obtuvo permiso del Rey Alfonzo XIII, para incorporarse al ejército francés en la Segunda Guerra Mundial durante tres años con su mismo grado y obteniendo la Cruz de Guerra, incorporándose después a las fuerzas del General Franco habiendo desaparecido tiempo después en algún lugar de España.

Increíble como todos se separaron por azares del destino.

Así termina el relato de mi tátara tía abuela, y que forma de separación familiar al final de sus vidas.

Pero retomando la cronología diremos que, con la época de la reforma, los títulos de nobleza que desde la independencia estaban prácticamente derogados, aunque algunos, los que pudieron y quisieron, ya sea por su nacionalidad o porque eran los descendientes de los títulos mismos, trataron de mantenerlos al principio, para poco a poco y con el tiempo, desinteresarse del asunto y claudicar ante las circunstancias.

Don Felipe Rull Castaños Y Romero Márquez, nacido en Sevilla el 19 de Enero de 1807, que fuera regente de la audiencia pretorial de Manila ingreso en 1844 a la orden de Santiago juntamente con su hermano Don Ramón este en 1847, mas tarde el 14 de Mayo de 1855 consiguió carta rehabilatoria del título de Conde de la Casa Rul, por Doña Isabel II, en virtud de la dejación que de esta dignidad habían realizado los que a ella tenían derecho, al no reconocerse los títulos en México después de la proclamación de la independencia de este país.

Para 1870 después del fusilamiento de Maximiliano, y la inminente guerra contra Prusia,

Don Manuel Rul y Obregón se caso con Doña Josefina Azcarate y Lezama procrearon dos hijos, el mayor Don Miguel Rul y Azcarate y su hermana Doña Guadalupe Rul y Azcarate, este primero el quinto Conde de la Valenciana, y además tercer Conde de la Casa Rul ultimo dueño activo de la mina de la Valenciana, cuya energía y constancia, vencieron serias dificultades durante treinta años por las situaciones convulsivas del país, hasta su muerte en 1897, y que sirvieron poderosamente a los descendientes del conde de la valenciana para que pudieran conservar las principales minas de la veta madre, ayudando plenamente a los mineros sin importar las fuertes pérdidas.

Según informes del gobernador Manuel Gonzales en su libro memorias de 1890 en esa época Don Miguel de Rul y Azcarate, era dueño absoluto de las minas de plata de La Valenciana, La Luz, Purísima, San Pedro, Rosario, Cata, San Lorenzo y Avispero y de las haciendas de Beneficio dentro de la ciudad de Guanajuato, de Purísima de flores, Rocha y San Fernando de Flores.

Dos de las familias que mas territorio tenían era la familia Rul y los Rincón Gallardo, Don Miguel Rul y Agustín Tornel Rincón Gallardo dueño de la hacienda Santa María de Gallardo, los dos fundaron en 1879, la Sociedad Agrícola Mexicana, en 1867,

Rul vende a los hermanos Farías de Saltillo la Hacienda de las Bocas de San Luis Potosí.

Al desmembramiento de varias de sus haciendas como la Cienega La Punta mesillas y los Hornos.

La hacienda venadera y venaderita de Don José Dosamantes Rul en Jesús María.

Nacen nuevas haciendas como el Saucillo hacienda independiente del latifundio de los Rul.

Después de su muerte, sus herederos que fueron sus hijos y nietos dieron las minas en concesión a una compañía extranjera la American Silver Meltin, en 1900 la mina tenía 6 niveles y se dice que en 1902 se inundo.

Posteriormente fueron cedidas a una cooperativa, se dice que la testamentaria de la mina la remato para venderla los primeros años de 1900.

El segundo hijo del hermano de Don Manuel Rul y Obregón y Pérez Gálvez, fue, Don Manuel Rul y se caso con Doña Ana Lara, procreando a Don Manuel Rul y Lara en 1860 (se han puesto también fechas de 1893 pero no encuadran con la cronología por lo que esta fecha de 1860 es más probable).

Don Miguel Rul y Azcarate, como ya comentamos anteriormente tenía una hermana, Doña Guadalupe Rul y Azcarate.

Pasaba muchas temporadas con su tía pepita desde su regreso a Mexico de ella aprendió el arte de la pintura, se especializo y se adentro al movimiento de la naturaleza muerta y bodegones, pintora importante y que estaba comprometida por sus padres a casarse con un viejo millonario de Francia amigo de los mariscales Bazaine y de la Peña, sus tíos, a lo que ella se negaba rotundamente al grado de explicarles que preferiría morir a casarse con aquel hombre, y por cosas del destino, el día que se fijo para el matrimonio, fue el mismo día que Guadalupe murió.

Quiero comentar que en el acervo familiar aun conservamos siete obras de Guadalupe Rul y Azcarate, solo una obra firmada por ella.

Espere este momento para comentar la historia que la tía Guadalupe Rul y Azcarate compartió a la mama de mi abuela Ma de la Luz Rul, de una anécdota mas del la tía pepita.

Adela Palma mi bisabuela se acuerda que su tía Guadalape Rul y Azcarate le platico que al regresar pepita a México y retomar su vida social con antiguos conocidos de anejas familias se la encontró en un concierto baile organizado en el Teatro Nacional con motivo de fiestas patrias, verbena popular escaparate y balcón de la socia lite, Mexicana, y en uno de los palcos de amplios balcones reconoció a pepita acompañada de su hija Eugenia, rodeada de amistades entre ellas las Buch y esposos el señor Carlos Landa y Escandón, pronto se une al grupo donde comienzan a charlar ahí don Carlos le comenta a pepita como todos la llamaban, que un hombre la busca insistentemente y pedía permiso para verla y agradecerle por salvarle la vida hace muchos años y le estaba profundamente agradecido, la tía Guadalupe con curiosidad se acerco a prudente distancia para ver como un hombre alto encorvado, de tez blanca y larga nariz que decía llamarse Jesús Fructuoso López y ser de Aguascalientes tierra de los Rul donde era periodista contra la intervención francesa y por su mala suerte, envidias y enemistades es aprehendido con armas en su poder, juzgado por un tribunal militar y condenado a muerte, este, gracias a sus contactos con el Conde Don Miguel Rul y Azcarate rico hacendado de Aguascalientes.

Filántropo y ampliamente conocido, primo de pepita por la rama materna (Azcarate) Don Miguel le pide interceda con el Mariscal Bazaine para perdonarle la vida a él y a sus cinco compañeros, cosa que logra Don Miguel Rul, poniéndolos en inmediata libertad..

Entre lágrimas y abrazos pepita y el agradecido anciano, el cual se alegraba al saber que presente estaba la hermana de su salvador, despidiéndose y cumpliendo su promesa.

Don Miguel de Rul y Azcarate, dijimos, tuvo un hijo, el Coronel Miguel María Rul, que murió en las Guerras de Francia y Prusia a finales del siglo XVIII, sus hermanas, hijas también de Don Miguel Rul y Azcarate, Guadalupe Rul, se caso con el Doctor Jesús González Sauto, procrearon a Miguel, Asunción, Dolores, Joaquín, Francisco, Manuel, Luz, Guadalupe y Ángela González Rul, la otra hija de Don Miguel Rul y Azcarate era Ángela Rul que se caso con Federico Lüdert, siendo así que Don Miguel Rul y Azcarate era padre de la abuela de Don Gastón de Mendoza González Rul, Doña Guadalupe Rul de Gonzales Sauto fue esposa del doctor Don Jesús Gonzales Sauto.

La hija de este matrimonio Dolores González Sauto Rul se caso con el ingeniero Juan Mendoza, estos padres de Gastón Mendoza y González Rul que durante 1974 a 1983 busco autorización de los descendientes Rul, entre ellos mi padre Don Fernando Mena Rul y su prima Josefina Rul de Bretón, para reclamar el título de Conde de la Valenciana.

Rehabilitación del título nobiliario

Escudo de Armas Mina La Valenciana

Las armas de la familia Rul establecida en México se componen así: En campo de oro tres martillos de sable puestos en faja.

Aportan noticias sobre los Rul, Martin de Viciana, en la segunda parte de la crónica de Valencia (1881) pág. 149; nobiliario Mallorquín de Joaquín María Bover (1850) pág. 334 nobiliario general catalán de Félix Domenech y Roura (1923) cuaderno 20, así como hermanos Alberto y Arturo García Carrafa, en la enciclopedia heráldica y genealógica y Julio de Atienza en su diccionario nobiliario.

Otros familiares Rul, Don Felipe Rul y Castaño, Don Manuel Álvarez Rul, sus hermanos, Carlos y Antonio Álvarez Rul

Don Manuel Rul y Lara del cual ya veníamos hablando.

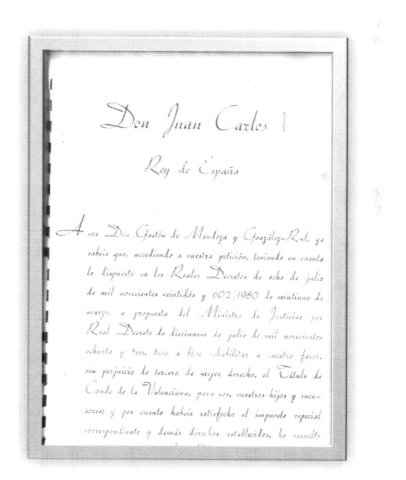

Carta de Rehabilitacion del Titulo Nobiliario

Don Gastón de Mendoza y Gonzales Rul, descendiente directo de los Condes de Casa Rul y sexto Conde de la Valenciana, coleccionista de lozas de las indias y porcelanas chinas se hizo ayudar del conocido genealogista español Don Fernando Muñoz Altea, con el que ha revalidado o rehabilitado el condado de la valenciana titulo de gran tradición en la minería mexicana. Procedimiento complicado que duraría mas de 5 años, obteniendo el condado avalado por su majestad el rey de España Don Juan Carlos de Borbón en 1983.

Transcribo de la carta titulo mandada por don Juan Carlos I Rey de España.

A vos Don Gastón de Mendoza y González Rul, ya sabéis que, accediendo a vuestra petición, teniendo en cuenta lo dispuesto en los reales decretos del ocho de Julio de 1922 y 602/1980 del veintiuno de Marzo a propuesta del ministro de justicia; por real decreto de 19 de Julio de 1983, tuve a bien rehabilitar a vuestro favor, sin perjuicio de tercero de mjejor derecho, el impuesto especial correspondiente y demás derechos establecidos, he resuelto expedir el presente real despacho, por el cual es mi voluntad, que por voz; Don Gastón Mendoza y Gonzales Rul, vuestros hijos y sucesores, varones y hembras por el orden de sucesión regular cada uno en su respectivo tiempo y lugar podáis usar y uséis, sin perjuicio de tercero de mejor derecho el título de Conde de la Valenciana, y que desde ahora en adelante, con el os podéis llamar y titular, en su consecuencia encargo a mi muy caro y amado hijo el príncipe de Asturias, y mando a los infantes, a los prelados, grandes y títulos del reino, generales y jefes del ejército, de la armada y del aire, presidente del tribunal constitucional, presidentes y magistrados del tribunal supremo y de las audiencias, gobernadores de las provincias, jueces, alcaldes ayuntamiento y demás autoridades, corporaciones y personas particulares, que os reciban y tengan por tal conde de la valenciana, como yo desde ahora os nombro y titulo, os guarden y hagan guardar todas las honras, preeminencias y prerrogativas que gozan y deben disfrutar los demás títulos del reino, así por derecho y leyes del mismo como por usos y costumbres, tan cumplidamente que no os falte cosa alguna, sin que para la perpetuidad de esta gracia sea necesario otro mandato, cedula ni licencia, pero con declaración de cada uno de vuestros sucesores en el mencionado titulo, para hacer uso de él, queda obligado a obtener previamente real carta de sucesión dentro del término señalado y en la forma establecida o que se estableciere.

Dado en Madrid a dieciocho de Noviembre de 1983.

Firma el Rey Juan Carlos I Rey de España, y el ministro de justicia

Nuestra majestad expide Real Despacho de Rehabilitación en el título de Conde de la Valenciana a favor de Don Gastón de Mendoza y González Rul.

Familia Rul y Palma

Don Manuel Rul y Lara nace en 1860 y muere en 1893 en 1880 se caso con Doña Adela Palma Suarez, ella muere el 4 marzo de 1935 y procrearon a siete hijos; Miguel Rul Palma 1881, muere en 1929, este todavía fue bautizado en el 3er nivel de la Mina de la Valenciana.

Diego Palma Rul 1883, 1939.

Guillermo M. Rul Palma 1885 no se sabe fecha de su muerte.

María de la Luz Rul Palma 1888, a marzo de 1973.

Ignacio Rul Palma 1890, al 25 Diciembre 1970.

Salvador Rul Palma 1891 1950.

María Teresa Rul Palma 1893, al 7 Enero 1964, se casa con Don Ricardo Céspedes, procreando a Maria Teresa de Jesús Céspedes Rul que nace el 21 de Abril de 1916 y bautizada en junio del mismo año.

Ignacio Rul y Palma, no se caso.

Salvador Rul Palma, estudio y formo parte del ejército americano y sirvió en la primera guerra mundial, de regreso se caso y formo una familia y jamás regreso a México en 1973 su hija Rita y su nieta visitaron a mi abuela en San José, recuerdo que yo a los de diez años estuve presente

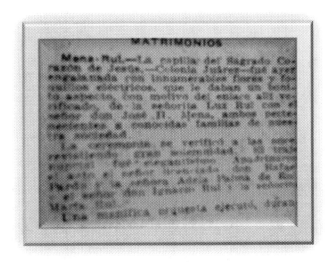

Desplegado del enlace en Vida Social.

María de la Luz Rul Palma se casa el 15 de enero de 1914, con el hacendado Hermilo Mena Higuera, sus hijos:

José Ignacio Mena Rul, que nace en 1912, y muere en 1980.

Isabel y Fernando Mena Rul, nacen en 1926, Isabel muere en 1992, y Fernando muere el 6 de Mayo de Dos mil.

De Ignacio no se conocen hijos, se caso con Benigna Fonzeca, y murió en 1980, ella a principio de los noventas.

Adela procreo dos hijas, solo Adela Méndez Mena sobrevivió, y murió más tarde en 1977, dejando tres hijos; Roberto, soltero, Raquel, casada con dos hijos, y Ricardo Gómez Méndez, con tres hijos Daniel Karla y Adela.

En 1989 murió Don Gastón Mendoza y González Rul, sin descendencia y dejando libre el título nobiliario, que poco después seria reasignado.

De Isabel Mena Rul, dos hijas, María Isabel, y Lourdes Romero Mena, viven ambas. Lourdes con tres hijos; Lucero, Penélope y Greco.
Lucero, con dos hijos Penélope, con dos hijos.

De Don Fernando Mena Rul cuatro hijos, Martha, Gloria, Fernando Hermilo y Miguel Mena Bravo, viven todos, y con hijos:
De Martha, Guillermo y Carlos, Calderón Mena.
De Gloria, Paulette y Pauline Rached Mena.
De Fernando, Paola Suhaila, Fernando Antonio, y Diego Alejandro Mena León.
De Miguel, Miguel, María Fernanda y Sofía Mena Ampudia.

Hoy en día ostentan lo títulos de la valenciana, Doña Carmen Victoria Morones Dosamantes, y de Casa Rul María Luisa de Aguilar y López Ayala.

Ahora tratare someramente la Revolución Americana o Guerra Civil.
La Guerra Civil de los Estados Unidos de América duro un poco más de tres años desde 1861 a 1865,

La marcha de los 100 días protagonizada por el General William Shermman quien en compañía de su amigo y correligionario el General Ulises Grant planean en el Hotel Cicinnatty, en Virginia la acometida contra los confederados, aunque eran estos dos generales considerados alcohólicos y fuera de sus cabales por algunos detractores, también fueron considerados por Lincoln como los dos más grandes artífices del triunfo de la unión sobre los confederados comenzando en Atlanta Georgia para luego pasar por Maccon, Augusta y finalmente llegar sin perder relativamente ninguna batalla, hasta Savannah por medio de un plan extremo donde Shermman va incendiando ciudades y diezmando al enemigo sicológicamente y físicamente aunado de la liberación y consiguiente anexión de los esclavos que continuamente apoyaban tácticamente y denunciando a sus antiguos captores de donde se encontraban enterradas o escondidas las pertenencias y valores que los soldados iban confiscando para la causa además que en una forma de por mas ingeniosa ya que al comenzar esta escaramuza la tropa de Shermman no contaba más que con comida para tan solo veinte días por lo que a medida que tomaban pueblos y ciudades iban rapiñando comida y objetos de valor para continuar la lucha como animales armas y pastura y accesorios para el combate despertando el odio de los que iban quedando atrás derrotados que pronto hicieron saber las funestas noticias a todos los demás estados involucrados en el conflicto y obviamente a la población civil, para Agosto 13 de 1864 corta las reservas alimenticias de Atlanta, reportándole al presidente más de 1700 bajas del enemigo, comandado por el general Killpatric. "Atlanta es nuestra "escribiría Shermman al presidente Lincoln quien desde antes había declaro la libertad de los esclavos de las ciudades en contra de la unión.

A raíz de tantos adeptos el General Sherman comienza a tener algunos problemas para alimentar tanto a la tropa del 100 batallón como a los nuevas adeptos a la tropa quienes lo adoraban ya que había logrado el cariño y respeto de todos al grado de llamarle tío Billy, cada día lograban avanzar de 15 a 20 millas no sin encontrarse con que los confederados enterraban minas que causaban muchas bajas a los confederados quienes de castigo a las faltas de honor del enemigo hacían a los prisioneros de guerra sacar ellos mismos las minas causando también numerosas bajas presionando a los confederados a dejar atrás esas prácticas deshonrosas e inhumanas hablando así con Davis Jefferson y otros generales.

Para el 13 de Diciembre de 1864 llegan finalmente a Savannah tomando el fuerte Macallister escribiría al presidente, "tome Savannah" y se lanzan a castigar ahora Augusta y posteriormente el sur de las Carolinas en Enero de 1865, mientras el general Robert e, Lee esperaba noticias de Shermman en Carolina del sur después de Augusta se dirige a Chester el 17 de Febrero de 1865 descansando en Columbia se entera del incendio hecho por sus tropas en esa ciudad lo que lo convierte en uno de los más odiados por los excesos de su tropa luego se dirige a Richmond Virginia a entrevistarse con Robert E, Lee comandante confederado con quien discute con el acerca de las muertes de varios prisioneros de guerra de la unión desencadenando en fusilamientos por parte de los prisioneros confederados para Marzo 31 de 1865 Lee va rumbo a Richmond y a Johnston el 16 de Abril la batalla de Bonterville ganado también culminando la marcha de los 100 días en un triunfo total con un saldo de varias ciudades destruidas pero no tantas vidas humanas lo que lo vuelve a Sherman una celebridad entrevistándose con el Gral. Grant y el Presidente Lincoln en Virginia donde pasa revistas de sus tropas y casualmente ese día sería la última vez que ve con vida al presidente Lincoln quien es asesinado 17 días después el 15 de Abril de 1865 para algunos Sherman fue un monstruo pero para otros fue considerado un gran analista que siempre ayudo a su batallón aun mucho después de la guerra nunca acepto un cargo público ni se lanzo a la presidencia regresando a casa a vivir con su familia una vida tranquila hasta su muerte.

Regresando a suelo mexicano

Para estos momentos México pasa de una etapa romántica de en transcurso vertiginoso a la independencia, luego al Tercer Imperio, y luego a la Reforma, dando paso así a una etapa sangrienta, que tendría grandes cambios sociales, y repercutiría en el futuro del país, la Revolución Mexicana.

'La tierra que no es labrada, solo producirá espinas y abrojos; así el entendimiento del hombre'

Capítulo V

Hermilo Mena, la Cesión de territorio a Estados Unidos y la historia.

Hermilo Mena Higuera. nació en la Hacienda de Buenavista Hidalgo en 1888 y recordara muy poco de sus padres excepto que habían muerto en una revuelta religiosa, y como muchos hombres de su época que vivieron y murieron, la mayor de las veces, en pos de sus ideales, en aquellos años en que no existía tanta tecnología como ahora, dejaron vagar su imaginación y el corazón como guía, aunado a eso aquellos aires de señorío, de libertad, en la búsqueda, de ellos mismos, hacia su destino, y que muchas veces se entrelazo directa o indirectamente a personajes sui generis, para así, ser parte de la historia, esa historia álgida en la que nuestro país y el mundo entero estaban apenas creciendo formando una personalidad, madurando tanto en autonomía e ideas de libertad, cambios que los hicieron desarrollarse y a la vez sufrir también, esos años de convulsión social.

Ya México desde su conquista había tenido una diferencia muy marcada entre sus pobladores social y económicamente hablando, en un principio los conquistadores que recibieron desde España un titulo y propiedades que abarcaban hectáreas enteras donde tal vez, y no sería muy difícil, estarían asentados pequeñas aldeas o pueblitos donde los habitantes pasaban a ser parte de los activos del nuevo dueño y señor, comenzando así esa maldita y dolorosa sociedad, entre el terrateniente y, sus esclavos los jornaleros.

Por otro lado la iglesia, se enriquecía a costa de la fe, y la espiritualidad de los peninsulares y los nuevos ciudadanos americanos así empezando a separa las clases y de esta manera acosta de los pobres, los ricos fueron progresando amasando grandes fortunas

Ya en 1821 con plena independencia de España al menos en lo político, México con Iturbide al mando del país estaba teniendo problemas para ser reconocido como tal por los estados unidos al mando del presidente James Monroe, Iturbide por su parte autoriza la emigración extranjera a Tejas.

Para 1824 se redacta una primera Constitución tomando la de Estados Unidos como ejemplo así como algunos elementos de la célebre constitución de Cádiz desde 1812.

En 1827 el presidente Guadalupe Victoria conoce la situación económica y social de los habitantes de Tejas que orientaban sus vidas hacia los Estados Unidos, un año antes en 1826, el célebre Heden Edwards promulgaría la independencia de ```Freedonia```, nombre que adoptaría para Tejas cosa que no acepto por ningún motivo Moisés Austin y muchos inmigrantes que desde 1820 ya se habían instalado en Tejas, viniendo de la Luisiana española comprada a España por los Estados Unidos desde 1803 y que finalmente debido al tratado Adams-Onís es aceptada su perdida por España en 1819, cabe señalar que Austin y sus partidarios se declaran a favor del Gobierno Mexicano.

Para 1830 Lucas Alamán dicta nuevas leyes de colonización para Tejas

En 1833, se instaura la primera presidencia de Santa Ana el 16 de Mayo, otra más en Junio de ese año, otra el 18 de Junio, otra más el 28 de Octubre siendo estas primeras cuatro presidencias de un total de once que tendría Santa Ana.

En 1844 durante su octava presidencia, Santa Ana es derrocado por el presidente Miguel Herrera.

En 1846 el General Mariano Paredes Arrillaga es presidente de facto y declara la guerra a Estados Unidos por sus intenciones invasionistas, por que las fuerzas americanas al mando del general Zachary Taylor son mandadas avanzar a Corpus Christi, mientras el Coronel John C. Fremont se establece en California y se niega retirarse al rio Nueces, frontera de México y Estados Unidos en ese tiempo.

Derivando después a las cesión del 14.9 por ciento del territorio nacional, por quince millones de dólares que fue la mitad del precio que nos pagarían antes de la guerra. Entregando dicho territorio mexicano a estados unidos entre 1846 y 1848 en la guerra de intervención

El presidente Paredes no es reconocido por Mazatlán, se pide regrese Santa Ana en el exilio en Cuba se declara la guerra contra México y se bloquean los puertos mexicanos tanto en el Pacifico como en el Golfo, la invasión yanqui que desemboca en el derrocamiento de Paredes por el General Salas que se apodera de la presidencia.

Se abre el bloqueo en Veracruz solo para poder dejar pasar de Cuba al General Santa Ana apoyado por los americanos que ya vislumbraban una posible componenda con él, para sus planes expansionistas teniendo su novena presidencia

En 1847 se realizan acuerdos secretos entre los americanos y la iglesia, así como entrevistas de Atocha en la Casa Blanca y con Santa Ana batallas de Angostura, rebelión de los polkos ocupación en Chihuahua entra ejército americano a México, batallas de Padierna, Churubusco luego un armisticio fallido por las exigencias territoriales de los americanos, se instala la decima presidencia de Santa Ana.

Batalla del Molino del Rey y la famosa defensa del Castillo de Chapultepec, rendición de la Ciudad de México renuncia de Santana y un personaje de la historia que resulta ser mi antepasado, el presidente de la suprema corte de justicia Don Manuel de la Peña y Peña quien asume la presidencia y se establece en Querétaro, en esas fechas tan convulsionadas, un grupúsculo de exquisitos burgueses, piden a Scott ser presidente de México, cuando en ocaso de su decimo periodo Santana es mandado al exilio, a Turbaco Colombia.

En 1848 se regresa a México el gobierno central, se firma el tratado de paz no sin antes haber arriado en Palacio Nacional, la bandera americana.

Para 1853 comienza la onceava y ultima presidencia de Santa Ana o Santana al 9 de Agosto de 1855, no sin antes vender la mesilla a Estados Unidos por diez millones de pesos.

Don Porfirio Díaz oaxaqueño, nació en 1830 y murió en 1915, participo en tres guerras la de México contra estados unidos 1846-1848, la Guerra de Reforma entre liberales y conservadores apoyando la causa liberal de Juárez, 1858- 1861 y la patriótica contra Maximiliano 1863- 1867.

En 1872 muere Don Benito Juárez G.

Porfirio Díaz, en 1876 después de una serie de estrategias militares derroco a Sebastián Lerdo de Tejada odiado por la opinión publica y vencido por las armas, da paso a Díaz, este sin más titulo que de revolucionario triunfante, asumiendo la presidencia de la republica (revolución de Tuxtepec).

De 1876 a 1911 el gobierno de Porfirio Díaz comprende de siete términos presidenciales concluidos y un octavo cortado en sus comienzos entre ellos hay un paréntesis de cuatro años 1880-1884 formado por la presidencia de Manuel González, pero primordialmente sin interrupción desde el triunfo de la revolución de Tuxtepec que lo llevo al poder hasta 1911 en que fue derrocado por la revolución maderista, sus gobiernos se denominan.

> *El tuxtepecano* *1876-1880*
> *El de gestión porfirista* .... *1880-1884.*
> *Desarrollo y .culminación del* *1884-1900*
> *El de la decadencia* *1900-1911*

En 1874 hace reformas constitucionales el 14 de Diciembre donde reduce capacidades a la iglesia.

Debido a leyes de la constitución y no pudiendo reelegirse cambia los modos de tal manera después de dejar un cuatrienio a su más cercano y viejo amigo, guerrillero Manuel Gonzales que siempre mostro total fidelidad al General. Díaz.

Capítulo VI

De mis antepasados los Mena y Aires de revolución

Don Miguel Mena y Doña Dolores Zea, ambos hijos de grandes terratenientes se casaron.

El Don Miguel Mena nació en 1799 rico hacendado, primo lejano del General Francisco Z. Mena Ministro de Comunicaciones, y Obras Publicas contemporáneo y fiel seguidor de Don Porfirio Díaz...

Ella, Doña Dolores Zea nació en 1804, era hija de un ferviente defensor del país en la guerra contra la primera Intervención Francesa, o Guerra de los pasteles el 16 de Abril de 1838, se casaron, donde aposentarían sus reales en ricas tierras en Toluca Estado de México, donde procrearon a dos hijos Juan Mena Zea y Trinidad Mena Zea (Trini).

Juan Mena Zea el mayor de los hijos nace 1826, su hermana Trinidad nació en 1840, y su vida se desarrolla hasta cierto modo normal, en una época donde la vida en el campo de una clase acomodada, es casi estática, Juan tenía un amigo en las inmediaciones de la ciudad de México (ahora la zona industrial de Vallejo), Don Raymundo de la Mora y Lastra, dueño de la hacienda de San Pablo de en medio y con quien tuvo una gran amistad, ambos a la vez contemporáneos de Don Ignacio Enciso, quien más adelante conoceremos, teniendo con ellos operaciones mercantiles con los diferentes productos que producían en sus respectivas haciendas.

En 1850 Don Raymundo recibe la terrible noticia de que su pequeña hija había muerto de una extraña enfermedad, cosa que lo sumergió en una terrible depresión de la cual no pudo recuperarse por mucho tiempo, y el 30 de Octubre de 1887 muere Don Raymundo de la Mora y Lastra, luego años después murió su esposa Doña Ana Trueba

Vivanco de Mora el 29 de Abril de 1897, cada uno en su momento fueron enterrados en el campo santo de su propia hacienda de San Pablo de en medio, ahora zona de Vallejo, y que por cierto se renta hoy en día para eventos sociales y filmaciones.

Después de unos años Trini Mena Zea es enamorada y desposada con un hacendado de poca monta de Texcoco con un marcado vicio al juego.

Juan Mena Zea. se casa con Francisca Higuera, y se establecen en la hacienda Buenavista en Hidalgo, donde procrean a sus amados hijos, la mayor Isaura Mena Higuera nace 1882, luego María Loreto Mena Higuera nació en 1885 y Hermilo Mena Higuera que nace, el día 13 de Enero de 1886, y ese mismo día al nacer muere su madre Francisca Higuera, se sabe poco de lo que sucedió, poco tiempo después, en una revuelta con los acontecimientos del asesinato del general Ramón Corona en 1889, es muerto su padre Juan Mena Zea, el cual procreo a tres hijos,

Isaura, Loreto y Hermilo Mena Higuera, quienes fueron cuidados por su tía trini, Trinidad Mena Zea al quedar huérfanos.

Isaura y Loreto no tienen hijos: Hermilo procreo cuatro.

Guerrilleros en la Sierra

Como comente anteriormente Ignacio Enciso Montaño nace en 1822, hijo de Dionicio Enciso y Manuela Montaño, según sus añejos generales, de familia adinerada y dueña de algunas haciendas en

Hidalgo y el Estado de México, tiene la oportunidad de estudiar y aunque no termina sus estudios en el colegio tiene la suerte de conocer entre muchos a el Ministro de Economía el Sr. Juan Ives Limantour en tiempos del aun nuevo Presidente Porfirio Díaz.

En 1842 el 24 de Junio, el señor Ignacio Enciso compra entre otras tierras mas, la Hacienda de Santa Cruz dada por Cedula Real de Carlos III de 1717 a 1765, y perteneció al marques Don María José Escalona y Cortez en San Juan Ixhuatepec Estado de México, con esto ya tendría el total de cuatrocientas hectáreas que producirían 150 mil magueyes de castilla de primerísima calidad en mas de decientas cuarenta hectáreas para la siembra del trigo, sin contar dentro de esto la producción de frijol, avena, alfalfa, alcachofa, papa, zanahoria, rábano enano, en menor escala, así como rosas, girasol, y ave del paraíso.

Hacienda Santa Cruz

Para el año 1876 ya era dueño de casi mil hectáreas, mientras tanto en una hacienda en Texcoco, las sirvientas de la niña trini ¨´ Trinidad Mena Zea le dicen ¨¨ niña Trini su marido la acaba de perder en la baraja, y ya vienen por usted el patrón y otro señor, la tía Trini sabía que tenía que actuar rápidamente y se fue por un chal a su cuarto y salió al jardín trasero donde salto el muro de la hacienda y salió en cuanto pudo y huir para siempre hacia la ciudad de México caminando desde Texcoco, ahí estuvo buscando trabajo hasta que en una casa de la Colonia Roma le dieron trabajo de bordadora, era la casa de un secretario de estado en tiempos de Don Porfirio Díaz, el célebre ministro de hacienda Don José Ives Limantour, ya estando trabajando en esa casa por algunos meses, conoce a uno de los más asiduos amigos del ministro de hacienda, y el cual era precisamente el señor Ignacio Enciso, que al conocer a la señorita Trini quedo prendado y la empezó a cortejar hasta que al poco tiempo pidió su mano y se casaron, el 17 de Enero de enero de 1884 Ignacio de 62 y Trini, de 44 años.

En Noviembre de 1889 los Lumiere exiben las primeras vistas en Mexico con su Cinematografo en Plateros 9 impresionando a los asistentes viendo pasar a toda marcha ferrocarriles, emocionandolos viendo escenas de familias y lugares.

Ya casados los felices esposos duraron tratando de tener hijos lo cual no fue posible recordemos que se casaron ya grandes para ser padres, esto era lo único que a Ignacio, un hombre que podría decirse era un triunfador, era dueño de la hacienda que había construido un marques a principios de 1700 que producía casi en su totalidad, y una esposa que le amaba y que mas podría pedir en la vida, un hijo, claro, un hijo pero dios no todo da, así que eso era algo que solo el destino desenredaría, en 1887 le comunican a Trini que su hermano Juan Mena Zea había sido asesinado en una revuelta religiosa y Doña Francisca Higuera su esposa, que había muerto al parir a su último hijo y que dejaba también dos pequeñas hijas y por lo tanto sus pequeños sobrinos estaban solos en el mundo, era esto entonces una tragedia seguida de una bendición para este matrimonio que no había alcanzado su propósito mas importante, tener hijos.

"El desorden almuerza con la abundancia, come con la pobreza y cena con la miseria"

Don José Mena esposa trini e Isaura Mena e Ignacio Enciso

Así que en esa gran hacienda que a veces pareciera inhabitada ahora estaría llena de sonrisas y gritos de los chicos que pronto la habitarían.

Isaura, Hermilo y Loreto eran los hijos que Ignacio siempre hubiera querido tener.

En Atlanta en 1886 un Farmaseutico el Dr. John S. Pemberton introduce al mercado la Coca-Cola.
Y en Minnesota un agente de la estación North Redwood llamado Richard W. Sears con la venta de relojes funda R.W. Sears watch Company.

Como antes contaba, Hermilo Mena Higuera nació en la Hacienda de Buenavista Hidalgo en 1886 y recuerda muy poco de sus padres. Excepto que su padre habia muerto en una revuelta religiosa, y su madre al darlo a luz, además de lo poco que su tía Trini le platicaba acerca de sus padres.
Desgraciadamente por la poca información recaudada y el desconocimiento mismo de Hermilo acerca de sus padres, más que

lo que sus tías le contaron a lo largo de su vida y ya que murió al tener a sus hijos chicos en este caso mi padre y tías no tienen mayor información de sus antepasados los Mena.

Ya por esos años Don Ignacio Enciso compró el anexo Metlaxima, zona que perteneció por muchos años a la Hacienda San José ahora la zona de Pemex y gaseras, en San Juan Ixhuatepec, mas en esos años era un terreno grande y plano, muy fértil y topográficamente muy bien situado que tenia uno de los primeros pozos de agua dulcísima, donde se sembraba cebada y avena y al momento de regarlas con las manguareas de aspersión hacia una especie de danza matinal donde el trigo y el agua se mecían al momento de su contacto, de manera muy reconfortante, estos lotes fueron comprados al Sr. Guillermo Escalona el 20 de Enero de 1899, al parecer pariente nieto de aquel marques y el Sr. Valdez. y en el archivo familiar contamos con películas 8mm de los años 60s época donde se aprecian dichos terrenos al momento de ser regados, asi como de la hacienda San José, esto como una simple información extra.; ya desde el año 1876 Ignacio con ayuda de sus contactos en el poder y las ganancias de sus ranchos productores, tenía la gran oportunidad de comprar los terrenos aledaños a sus tierras ya sea privados o sucesiones y otras veces gracias al gobierno federal que en ese tiempo daba muchas facilidades a los nuevos terratenientes tanto en impuestos como en ofertas de tierras el rancho San José en San Juan Ixhuatepec fue comprado el 29 de Agosto de 1891 a él Sr. Francisco Sordo .aprox. 169 hectáreas. en ese mismo año Ignacio Enciso vende su hacienda "el Jáuregui" al doctor Nicolás San Juan en $2,788.00 pesos, y con ese dinero invierte en mas terrenos aledaños a San José los cuales le fueron comprados al pueblo de San Juan Ixhuatepec, y los cuales se fueron acrecentando a pasos agigantados, ahora los linderos de San José eran desde el cerro Santa Cruz al norte, y al noreste colindando con Hacienda el Risco, de ahí se sitúa la primer mojonera la cual partía desde el cerro cuate o "Cuahuiti" al cerro el Tejocotillo o purto del obraje a los linderos de lo que ahora es el panteón de mi familia "Jardines de la luz eterna en honor de mi abuela María de la Luz Rul viuda de Don Hermilo Mena Higueras hacia el Cerro de la uña o Pepetatitli, después el Cerro Pepetlacatl o la Colmena, donde ahora está dicho panteón, al este el rancho San José.

Al sureste pueblo de San Juan Ixhuatepec y el terreno Metlaxima, zona donde hoy se encuentra la Procuraduría de Justicia de San Juan

Ixhuatepec y Centro de Salud Cristina Pacheco, y la ya mencionada zona de gaseras, al sur camino que conduce al pueblo de Ticoman que marca el lindero de las mojoneras de Santa Cruz, hoy comienzo de la Avenida Politécnico Nacional y linderos del pueblo de Zacatenco la Cantera Colorada, La Mojonera mocha, y hasta llegar a la ladera del Chiquihuite, ya por el oeste, la Hacienda de la Escalera, por el lindero marcadas las mojoneras Cruz de cantera, el Coacallo o Coatitlan, por el noreste el pueblo de Cuautepec, el Cerro de las Coaxas, y otra vez el Cerro del gigante. 640 hectáreas aprox.

El maizal

- ´´ Vamos Hermilito apúrale!
-- adonde vamos tío?
-- vamos al centro a ver una maquinaria agrícola
-- que es eso tío nacho
una cegadora para cortar la avena y a la vez desgranar la vara y encostalar el grano".

Mientras el pequeño Hermilo subía a un carro tirado por un viejo caballo, el tío nacho Enciso le platicaba diferentes temas acerca de la hacienda y de la vida, que hermilo comprendía y analizaba detenidamente.

-------Sabes Hermilo a lo largo de los años he aprendido a querer estas tierras, y cada vez que puedo trato de hacer más grande nuestra hacienda y más productiva pero el tiempo va caminando y yo me estoy haciendo más viejo así que preciso de tu ayuda pues recuerda que somos los hombres de la casa y tenemos que cuidar a Trini y a las niñas y ya que dios ha querido que seamos una familia, tenemos que cuidarnos y apoyarnos, tal vez tu no entiendes todavía pero este país esta de cabeza y aunque el gobierno del General Díaz ha sido bueno y ha hecho que nuestro país crezca y este al nivel de otros países también es cierto que existen grandes necesidades y sobretodo grandes diferencias, y yo aprendí de mis padres, que la gente que trabaja para nosotros son parte muy importante, ya que son el brazo laboral y la fuerza que hace que la hacienda camine y se desarrolle nosotros los dueños administramos y mantenemos pero recuerda que es gracias a ellos.

Desgraciadamente no muchos hacendados pensamos igual, al contrario los explotan y maltratan creen que aun estamos en tiempos de la conquista y los sobajan hasta el límite, recuerda esto milito no maltrates a tus peones ayúdalos estímalos, no tienen la culpa de su ignorancia, ellos te harán crecer y ganar, a pero eso si, date a respetar mano firme como cuando llevas las riendas del carro.

--si tío nachito.

--anda crio llévalo arre…

Lástima que mi General Díaz ya está viejo se le está saliendo de las manos el país y el control de sus subordinados, donde está el caudillo que tenia controlado el país, sabes milo algún día esta tierra pasara a tus manos y la de tus hermanas tu serás el encargado de trabajarla y hacer que produzca y te retribuya estamos tan cerca de la ciudad y eso sábelo, es algo muy importante pues tenemos mercado para todo lo que producimos, lastima del pueblo con el que colindamos pues algunos de sus dirigentes envidiosos y codiciosos que en vez de regir para ayudar al pueblo se quieren enriquecer a sus costillas incitándolos al pillaje y la flojera, cada día me cuesta más trabajo que respeten nuestros linderos, ahora ya están robando lo que queda de la ruinosa Hacienda San José que hace poco compre por sus tierras planas y cercanas a nuestra hacienda no me importa pues ya está en ruinas pero odio que no sepan respetar.

Para el año de 1889, se organizo en Paris para la conmemoración de la Feria Tecnológica Mundial, con la inauguración de La Torre Eiffel el 31 de Agosto, y en el pabellón de la representación de México se encontraba inaugurándolo el secretario de Relaciones Exteriores tomando una catrina nada menos que con Don Ignacio Enciso Montaño que debido a su amistad y que Santa Cruz era uno de los ranchos productores de pulque que mas producía cerca de la ciudad de México fueron invitados a la feria y ser expositores del pulque, que en esos años tomo auge, y se puso de moda en Paris y otros países de Europa.

Don Ignacio Enciso llevo tlachiqueros (las personas que raspan u ordeñan al maguey) y cuenta la historia que su mayordomo o tinaquero, Pascual Islas gente de mucha confianza de Don Ignacio, un hombre recio de gran carácter fue al Molino Rojo donde con su tipo de charro mexicano, enamoro a una de las bailarinas a la que llamaba María francesa no Francesca, esta bella francesita, rubia y muy glamorosa seria con los años abuela de una amiga de mi familia, la señora Martha Jiménez de Espinoza, como un simple dato personal, esta amiga de mi madre, en esos tiempos y a la vez en aquellos años, su madre fue amiga de mi abuela María de la Luz Rul Vda. de Hermilo Mena Higuera mi abuelo, y que por cierto mi abuela le llamaba "la trencitas" y jugaban de pequeñas a las muñecas, y por la cual también pudimos saber cómo era el ambiente familiar en la Hacienda Santa Cruz.

Bueno siguiendo con María francesa, en pocos meses, ya era novia del citado Pascual Islas, a la que prometió traer a México, antes de que se cumplieran seis meses, y si … en Paris gano una esposa, pero una riña en el Molin Ruge, por su empeño en llevársela a México, le costó el ojo izquierdo, pues se dice era enamorada, y cortejada por muchos e insistentemente por Toulouse Lautrec, pintor y bohemio, asiduo a los prostíbulos y bares de París, con el cual, tuvo una feroz pelea con dagas, hiriendo levemente al agresor y sin milagrosamente otra desgracia mayor, que la de haber perdido un ojo, ya recuperado, y una vez ya en México, siguieron su matrimonio y su vida normal y larga, por cierto ellos con sus hijas, la trencitas y su hermana la cual no me acuerdo de su nombre, vivieron por algún tiempo en el casco viejo de aquella primera construcción, en el viejo y derruido casco del antiguo San José que era de adobe y en el cual Hermilo Mena al crecer construyera ahí mismo, la otrora nueva Hacienda San José.

En pocos años, la Hacienda Santa Cruz exportaba pulque y trigo anteriormente el trigo se sembraba en más de 240 hectáreas. el famoso maguey de castilla de San José, era un maguey muy hermoso, pues tenía unas grandes pencas, tan azules como el agave que crecían muy grandes y producían el más dulce agua miel al (caparlos) o rasparlos comenzaban a secretar el neutle, néctar de los dioses y en pocos meses los tlachiqueros pasaban con sus burros cargados con dos castañas de veinte litros cada una, cortaban las pencas para darse paso y accesar a la xoma y con jícara el maguey era absorbido en sus entrañas y depositando el neutle a las castañas que eran mandadas al tinacal donde en una gran tina hecha con marco de madera y piel de vaca se dejaba fermentar el agua miel en su etapa temprana para posteriormente se convertiría en el pulque, todas las mañanas los tlachiqueros salían muy temprano al raspado y capado, o decían también 'a la ordeña de magueyes' en las tardes se pasaban de unas tinas a otras y al hacerlo los tlachiqueros rezaban y cantaban para que no se cortara o bajara la producción, era un proceso cuidadoso e higiénico el pulque es muy sabroso, también hay la idea que el pulque es muy sucio cosa muy alejada de la realidad pues con cualquier mal manejo se corta como la crema, así que es meticulosamente manejado, esas mentiras de que se le hecha una monita de caca de bebe, es totalmente falso al menos eso nunca lo vi, también depende como se maneja en las pulquerías.

Yo recuerdo en mi niñez, que en San José, el tomar pulque entre los empleados era tan usual como el agua, recuerdo que Rosalio y Carmelo peones de San José, eran asiduos bebedores, murieron ya grandes de problemas del hígado por que nunca los vi en sus cabales en los veinte años que los conocí, desayunaban con pulque y se seguían, así su jornada pero en lo que se destacaban es que sabían hacer una excelente barbacoa, en algún lugar apartado de los carrales, había hoyos para barbacoa que desde una noche anterior se preparaban con leña de madera la carne pancita y consomé, se metían en los hoyos se les tapaba con pencas se les ponía su pancita y cabeza etc., y que con las pencas del maguey se le arranca la telita y se hacían mixiotes, de pollo conejo o puerco, salsa borracha sancochada en pulque, y el pulquito fresco para acompañar era delicioso en los días de fiesta, y no se diga de los gusanos de maguey o los escameles huevos de hormiga, ahí andábamos todos enguichados y turulatos por el néctar de los dioses el famoso Tlaticochongo.

El 24 de Junio el mero día de San Juan, hacían fiesta y las esposas de los peones nos ponían un alambre de árbol a árbol a una altura donde a caballo y jinete pasáramos sin peligro y con unas argollas colgadas de unos listones de colores se ponían a lo ancho del alambre y se hacia un circuito en el patio de afuera de la hacienda donde se organizaban carreras de caballos y el que con unas varitas picudas atrapara mas argollas, ganaba montar a su caballo a la reina de las fiestas y pasearla por el patio.

Yo montando en entrada San José

En 1900 Ignacio Enciso ya era dueño de Santa Cruz, San José y La Presa tres haciendas que ya pasaban las mil quinientas hectáreas, también en ese año se comienza la primera etapa de la reconstrucción del viejo casco de San José y se detuvo un par de años, como sabemos en esos tiempos se estaría gestando en todo el territorio nacional los albores de la revolución debido a diferentes problemas sociales, económicos, religiosos, étnicos, y de una infinidad de insuficiencias en un ya carcomido sistema, que después de casi treinta años en el que el país era solo retocado en sus fachadas mas no en sus cimientos. En franco deterioro a la economía, la administración de Díaz era la que apenas había impulsado la industria y el gran comercio, se nivelaron por primera vez los gastos con los ingresos cimentándose el crédito nacional y por primera vez arrojaron superávit. en educación se estaba apenas logrando algo ya que en esos tiempos con más del 83 por ciento de la población que era analfabeta, ósea 12 millones de mexicanos en el total obscurantismo y mas del tercio, sin ni siquiera hablar el español, urgía por lo tanto, un programa de educación, con primarias que tal vez en una década lograría José de Vasconcelos y una nueva generación de tal vez tres millones de educandos en primaria, con la educación mas elemental que habrían arrojado más hombres emprendedores y civilizados, capases de sentir su propia personalidad y con hambre de ser como la mayoría de los hombres que en estos tiempos se formaron; y los cuales seguiremos muy de cerca.

En 1902 Ignacio Enciso pretende comprar la hacienda y molino de San Juan de dios de Los Morales hoy la Hacienda de los Morales, y sus anexos el rancho Polanco y El Huisachal tras la muerte de Doña Ana Lazcurain de Cuevas, por un monto de $287,000.00, pero al final la compra o hereda Don Eduardo Cuevas Lazcurain, según documentos del registro público de la propiedad, bajo inscripción 634.117 de Tacubaya.

Yo me pregunto qué hubiera pasado si se hubiera concretado esa operación pues ahora esas haciendas incluían terrenos como la colonia Anzures, que se constituía con los terrenos de esa hacienda las fracciones 1 y 2, y la partición de esa fracción numero 3 denominadas los de Chapultepec Morales El Olivar de la Hacienda sección Palmas, Polanco Reforma sección Alameda, la fracción 4 Colonia Granada, Irrigación San Isidro, Residencial Militar, el mismo Hipódromo de las Américas con veras del rio Jalatlalco, la fracción 5 ahora Rincón del bosque, Bosques de Chapultepec, Chapultepec Polanco, Palmitas y Molino del Rey también un lugar histórico por sus batallas durante la intervención de los americanos y adhesión de los irlandeses.

Ford Motor Company es fundada en Detroit por Henry Ford el 16 de Junio de 1903, y ese mismo ano los hermanos Walter y Frank Sanborn fundan la cafetería Sanborns.

En Nuevo León estaba de Gobernador el General Bernardo Reyes un militar de cepa parafraseando lo que Federico el grande decía, que el poderío militar de una nación está directamente vinculado con el estado mayor de su ejército, ya que este administra, concentra, proyecta, moviliza, investiga. Debe averiguar y conocer lo focos de inquietud, que puedan poner en acción un movimiento revolucionario. con Díaz paso algo muy especial, que directa o indirectamente fue el principio del fin, el era el que manejaba totalmente los asuntos militares desde 1884; sin un grupo de elite la figura militar era solo decorativa los generales ya eran viejos, los soldados estaban reduciendo su labor a simples trabajos, sin ninguna instrucción debida. los sargentos en su mayoría estaban más preocupados por ganar más de los fondos que tenían para parque, caballada, pastura la oficialidad era de cultura regular y era proporcionada por el colegio militar, ningún batallón tenia integro a su personal la producción de parque era muy baja también por lo tanto el ejercito que tenía varios años de inactividad no estaba listo para una confrontación internacional por ningún motivo, y mucho menos para una movilización armada en el territorio nacional y mucho menos, con ni 30 mil hombres, incluyendo las fuerzas rurales.

Si te parece que sabes mucho y bien entiende,…que aun es mucho lo que ignoras.

En el campo, los hacendados no tenían más ojos que para una mayor producción, sin importarles sus trabajadores campesinos.

El gobierno muchas veces, en sus niveles en que mas contacto con el pueblo deberían haber tenido, eran los que más los lastimaban, aunado a que como en vez de apoyar una figura social el gobierno le dio más ayuda a los terratenientes, teniendo así al pueblo inconforme pues el régimen de Díaz desde la década de 1880 por medio del Ministerio de Fomento, vendía tierras públicas a los hacendados ayudándoles concediendo resoluciones favorables.

Díaz no quería otra reelección, pero los porfiristas no querían más que a Díaz (Círculo de Amigos del general Díaz)

Los civilistas y su núcleo, los antiguos científicos, o Limanturistas, así llamados por su apoyo a José Ives Limantour, pues era bien sabido que Limantour era el autor intelectual de la prosperidad financiera y económica de la nación por lo que este, era apoyado por el capitalismo bancario comercial e industrial por reorganizar las finanzas, nivelar los presupuestos, obtener por primera vez un superávit consolida la deuda pública interna y exterior, levantando los créditos nacionales y en las bolsas europeas, integra capitales extranjeros y empresas privadas y una gran reforma monetaria tiempo después en 1905 y nacionaliza las líneas férreas del país.

Los militaristas, apoyaban a Bernardo Reyes Gobernador de Nuevo León, con una carrera militar intachable y gran honradez administrativa, mano firme y claro el precursor del (Reyismo).

Por su parte Díaz apoyaba a Limantour, mas este carecía de apoyo por parte de las fuerzas militares, que se sentían mas representadas en la figura del Gral. Bernardo Reyes, por lo que Limantour, no se sintió apto para ser candidato por lo que Díaz fue reelecto de 1900 a 1904.

Bernardo Reyes es removido a Secretario de Guerra en 1901, y por un pequeño lapso unió a porfiristas militaristas y civilistas, el 22 de Diciembre de 1902 el Gral. Bernardo Reyes renuncia al cargo por lo que provisionalmente el Gral. Juan Villegas toma el cargo para después ser dado a Francisco Z. Mena tío lejano de Hermilo Mena.

Durante el ministerio de Reyes se apoyo más a los militares aumentando el pre (sueldo) de las tropas, el rancho (comida), vestido parque, etc. se humanizo el tratamiento a rangos inferiores, enseñanza obligatoria a soldados etc.

Pero el hecho de que familiares de Reyes con imprentas, en vez de apoyar por encargo de Díaz a Limantour comenzaron a atacarlo con el periódico "la protesta", empezando el distanciamiento entre ellos, desestimándolo, por su ascendencia extranjera, lo que hace una constante lucha entre científicos y reyistas, peleando los mejores puestos en cámaras federales, Suprema Corte de Justicia de la Nación, gobiernos de estados, y municipios, pero también por quedar bien con Díaz que al no poder preparar una buena sucesión presidencial empieza a pensar en la figura del vicepresidente, y la cual fue apoyada el 6 de Mayo de 1904.

¿Quién escogería al candidato presidencial?

Durante quince años el gobernador del estado de México fue Don José Villada que muere en ese 1904,

El yerno de Díaz Ignacio de la Torre y Mier anhelaba la gubernatura de dicho estado pero no se la concedió su suegro, el General, tenía muchas dudas de los recursos de su yerno y no le caía pues, ¡no por ahora nachito, no por ahora! Le decía Díaz, que estaba más preocupado por la sucesión presidencial que por los sueños políticos de su yernito.

Díaz sabía que Limantour sería un magnifico sucesor mas como vicepresidente lo opacaría por lo que opto por su amigo y viejo compañero de lucha Ramón Corral formula Díaz Corral.

En 1906 Hermilo Mena con diecinueve años trabajaba en la Hacienda de Santa Cruz de su tío Ignacio Enciso, era autodidacta gustaba de leer revistas americanas y fumar cigarros elegantes o los número doce, de La Cigarrera del Buen Tono, le intrigaban las noticias que escuchaba del extranjero, por ejemplo 10 de Febrero, en Inglaterra se botaba el gran acorazado de 161 metros de eslora el HMS Dreadnought, o el 18 de Abril el tremendo temblor en San Francisco o la boda en Madrid España el 31 de Mayo de el Rey Alfonso XIII y la princesa británica Victoria Eugenia de Battenberg sobrina del Rey Eduardo VII de Inglaterra lo peculiar de esta fecha es que en el cortejo de los novios al Palacio Real en el 88 de la calle mayor un radical Mateo Morral les lanza un ramo de flores con bomba integrada y aunque no los hirió, si mato a más de veinte personas, más tarde el 2 de Junio sería detenido en Torrejón de Ardoz.

En un artículo que leía Hermilo ese año Un tal Juan Rull que no era familiar o al menos no reconocido, fue contratado por el Gobernador Civil de Barcelona para hacerle algunos y trabajos sucios que requería, para quitarse de en medio a sus adversarios políticos y enemigos, estos' servicios especiales' no los hacía solo sino con algunos miembros de su familia y ponía bombas, de hecho más de ocho bombas que fueron mortales y destructivas ampliamente difundidas por los tabloides conocidas al igual que este singular personaje en España de 1908 finalmente este conejillo de indias utilizado por el gobernante de aquella ciudad y que todo el mundo sabía, solo seguía ordenes, mas al haberse salido de control y de varios muertos inocentes, fue sacrificado, Juan Rull fue ejecutado en la cárcel de Barcelona el ocho de Agosto a la una de la tarde.

Hermilo autodidacta, aprendió ingles y con su tío en viajes esporádicos al centro de la capital a trece kilómetros de su hacienda gustaba de ver maquinaria agrícola compraban tractores segadoras cortadoras bombas de riego por aspersión también se ocupaba de la producción de pulque.

Ese año el 20 de Enero nace en Esmira Turquía Aristóteles Onassis que posteriormente fue un multimillonario griego.

El 7 de Febrero en Pekín nace Puyi el último emperador chino que habitara el Palacio en la Ciudad prohibida, el 21 de Julio por mediación de Don Porfirio Díaz y el futuro presidente Franklin D. Roosevelt apoyan una salida pacífica entre los presidentes de Guatemala, el Salvador y Honduras en el conflicto bélico por la construcción del Ferrocarril Guatemalteco y firman la paz, el 19 de Abril muere en Paris el gran cientifico Pierre Curie, y el 19 de Diciembre en Dnieprodzerzhinsk Rusia nace Leonid Brezhnev.

La ciencia se revela al que es estudioso, activo y laborioso. Bernardo de Palissy.

Un pariente de la tía Trinai, un hombre de apellido Irizar que según datos era algo trinquetero trataba de colocar unas minas de plata que según la tía Doña trinidad Mena Zea, tenía muy cerca de la ciudad, y en su ignorancia creía eran de plata, sin saber que también existen minas de piedra o de tepetate, o hasta de barro, por lo que invito a la señora Adela Rul de Palma persona que él conocía, que era descendiente de familias mineras dueños de la famosa mina de la Valenciana, que a la postre acuñaría más de sesenta por ciento de la plata que fuera mandada a España en tiempos de la colonia, y estaba interesada en adquirir otra mina mas, por lo que este santo señor tratando de colocar tan ricas minas, la invita a la Hacienda de Santa Cruz, en compañía de su hija Mi de la Luz, donde conoce a Hermilo, sobrino de Enciso y Trini y este al conocer a Lucha, quedo enamorado de ella, empezando a frecuentarla y visitarla en sus más seguidos viajes a la capital donde Hermilo entregaba leche de sus establos a la casa de María de la Luz Rul (lucha), cerca de la Villa de Guadalupe y así comenzando una relación.

Lucha; vista a Av San Jose

La virtud no teme a la luz; antes, desea venir a ella, porque es hija y criada, para resplandecer y ser vista, f. Luis de León.

En el archivo familiar de la Familia Mena, que ahora guardo celosamente, y el cual cuenta con correspondencia, recados, escritos por el propio Hermilo Mena Higuera, María de la Luz Rul, y otras personas más, así como fotos y documentos varios, tanto de la Hacienda de Santa Cruz desde 1740, y de la Hacienda San José y en adelante, hechas por los antiguos notarios, a mano y con esa caligrafía la cual ahora es casi extinta me sirve de apoyo en varios de los temas que abordo en este escrito, así como diferentes libros dedicados a la historia de la revolución mexicana y otros pasajes de la historia la cual cito, como un dato curioso, ya desde el día 6 de Octubre de 1909 Ignacio Enciso había mandado un oficio a el director Gral. De obras publicas donde después de la opinión de un consejo de salubridad pide permiso para hacer una cripta familiar en la hacienda de Santa Cruz la cual le fue aceptada el 5 de Diciembre de 1909, sería el primero en estrenarla momentáneamente hasta que fueron retirados sus restos por sus familiares para re inhumarlos en sus propias criptas familiares, varios años después.

El director de Obras Publicas contesta al Sr. Enciso que es aceptado su petición de hacer una cripta en Santa Cruz.

Corral era calificado como científico y pensaba que por un lado la clase obrera era un puente entre la clase media e indígena de los pueblos que además era un poco más educada que ya era bastante decir en la Republica Mexicana, clase que leía el Imparcial el Universal, que se enteraban de la reelección una vez más Díaz llega al poder con la formula Díaz- Corral, pero una entrevista en 1908 dos años antes de la siguiente elección presidencial en Febrero cambiaria la visión de los políticos, Porfirio Díaz es entrevistado por James Creelman corresponsal especial de la revista Personas Magazine, y Díaz le dice que México ya es un país maduro que puede por sí mismo elegir a sus futuros gobernantes, que se retiraría en 1910, y que no volvería a gobernar otra vez, aunque sus amigos se lo rogasen y que sería una bendición tener un partido de oposición; que los mexicanos ya estaban preparados para una elección y que hasta podrían ser aconsejados por el mismo ; esto da pauta a que Francisco I. Madero publique un Manifiesto Antirreleccionista, en un fragmento escribe, 'Ama a tu prójimo como a ti mismo', tal vez esperando que Díaz lo leyera y que entendiera la necesidades que los mexicanos fueran libres.

Madero busca en la republica a los liberalitas a los independentistas para crear un movimiento nacional en apoyo de la elección libre crean redes especiales antirreleccionistas, era asistido en sus mítines por dos oradores Félix Palabichini y Roque Estrada, mas tarde acompañado en estos ideales por otros más, forman un partido Antirreelecionista donde apasionadamente acogen el lema ´.sufragio efectivo y no reelección. Y donde el seria el dirigente, hijo de una familia de terratenientes del norte que como muchos otros jóvenes albergaba esos sueños de democracia.

Mientras tanto el 28 de Julio de 1910 Mercedes Eulopa del pueblo de Ticoman vende a Don Ignacio Enciso el predio la compuerta, por treinta pesos, tiempo después le llamarían he dicho lote la tepalcata.

Corral pasó ese primer periodo como si no estuviera presente, por lo cual seria para los ojos de Díaz un buen candidato a la presidencia.

Los militaristas en cambio apoyaban a Teodoro A. Dehesa Gobernador de Veracruz y amigo personal de Díaz pero el cual no era totalmente aceptado por Díaz finalmente apoyan a Bernardo Reyes más seria después desterrado por sus ya comentados errores y malos manejos, y no digamos financieros sino fue visto por Díaz como un sucesor peligroso y con probable fuerza

Francisco I. Madero, fue un hombre que no creía en la violencia que verdaderamente creía en el cambio pacífico a una democracia, Díaz al ver a Madero le pareció insignificante sin ver que Madero era solo la figura representativa de miles de mexicanos que soñaban en ese nuevo México por lo que al final de sus platicas Madero se retira sin obtener ningún compromiso a las causas sociales por parte de Díaz.

En la convención se escoge a Madero por lo que este acepta ser el candidato del partido antirreleccionista para la presidencia con la formula Madero --Vázquez Gómez.

El ideario Maderista que acuñaba el democratísimo afín a la a la política liberal, embeleso a los profesionistas sin trabajo y algunos desanimados, revistas se afiliaron al recién creado partido pero mayormente los más necesitados a los cuales se dirigió Madero con la imagen del David contra Goliat, no obstante por su apoyo a él, varios son puestos presos y señalados.

Entre ellos Hermilo tenía debido a su pasado increíble, en el que de una forma casi celestial de ser un niño huérfano, a ser el heredero de un vasto territorio, que debido a su cercanías con el distrito federal y su producción, era un garbanzo de a libra que el siempre agradecería a la vida, por lo que engendro en él un sentimiento especial a las clases más desprotegidas, con las que siempre estuvo muy conectado, además que siempre sostuvo que de no ser lo que era, hubiera sido caballerango por su amor a los caballos, escucha de las redes antirrelecionistas y comienza a interesarse en ellas.

Tú tienes fe…agigántala, y haz que su lumbre ilumine toda tu vida, y toda tu senda.

Díaz y Corral en 1910 desalientan lastiman y alarman a la población en general, por otro despótico movimiento por parte de Díaz, que sabía de antemano el apoyo de las masas al insipiente caudillo, que lo seguían por miles, todavía hoy podemos ver las imágenes que demuestran su apoyo hacia el también, Díaz sabia que aceptaban su dominio, mas no aceptaban su testamento hacia otro, en enfermedad o a la hora de su muerte, eso sería una ofensa, por lo que a su pesar el 5 de Octubre de 1910 lanza Madero su manifiesto, invitando al pueblo, a la revuelta contra la tiranía, y esa paz vergonzosa que no tiene por base el derecho sino la fuerza, que no tiene por objeto el engrandecimiento y prosperidad de la patria sino el enriquecimiento de un pequeño grupo, por lo que se redacta el plan de San Luis desconociendo el gobierno de Díaz y todas las autoridades de elección popular, estableciendo la no reelección del presidente, gobernadores y presidentes municipales, revisión a pequeños propietarios que hubiesen sido despojados.

El 20 de Noviembre los ciudadanos a las seis de la tarde toman las armas, pero solo en el norte en Chihuahua, lo cual no fue tomado en cuenta por Díaz prefiriendo concentrarse de lleno en la preparación del centenario de nuestra independencia donde se invitaron entre muchos a los embajadores de varios países, como el de Alemania que al ver un grupo de manifestantes en la plaza con las pancartas en apoyo a Madero y gritando consignas contra Díaz pregunto quienes eran y Federico Gamboa le dijo que eran adeptos a Díaz y que llevaban una foto de Díaz cuando era joven y usaba barba cerrada, lo cual era una absurdo, oculto en el desconocimiento del idioma por parte del embajador alemán, también asistieron cónsules ministros de estado de varias naciones así como varios gobernadores presidentes municipales diputados senadores y todos los directamente seguidores y amigos de Díaz, era su fiesta particular un levantamiento (aislado) no echaría perder su fiesta y valla que tuvieron que pasar 100 años Díaz se dejo aconsejar para cambiar de gobernadores de Puebla, Guanajuato, México, y Michoacán, los estados con mayor sublevación cambiando también al de Chihuahua al cual se le encargo mas no pudo, establecer platicas con los alzados, Díaz tampoco se movió rápido y aplazo los preparativos militares los cuales fueron de por si insuficientes.

Muy deficientemente con su hijo, Porfirio manejaba los procedimientos militares desde el palacio nacional sin elementos para formarse un criterio y así contraatacar al enemigo sin información e inteligencia militar, no se actuó eficazmente, otro gran error fue que Díaz se distrajo mas en quitar del camino a Bernardo Reyes que en enfocarse en contra de Madero lo cual lo hizo ganar a este más fuerza.

Díaz, mando llamar a Europa a Limantour no sabemos si enterado que Limantour pactaba en el extranjero algunos factores para poner fin a la revolución así como también un pacto de no agresión con el General Reyes que por su parte hablo con algunos jefes revolucionarios y ya arreglado con Limantour establecen quitar del plano político a Porfirio Díaz. No estableciendo si con la formula (Reyes Limantour) o (Limantour Reyes)

A fines de Febrero y principios de Marzo de 1911, la Familia Madero con cientos de miembros capitalistas y con intereses industriales comerciales y bancarios todos ellos porfiristas de hueso colorado y abolengo, no apoyaban al principio a Madero es mas lo tomaban como un loco y al morir el patriarca Don Evaristo Madero se rompe el hilo conductor con el añejo poder y los Madero empiezan a ser presa de los alambres del viejo gobierno y les son cortados los créditos y comienza la bancarrota de sus empresas tan endeudadas, y de sus fortunas es decir los Madero habían gastado mucho dinero en proselitismo sin contar también las promesas que habían hecho a muchas personas, así lanzándose a esa aventura política, ya no tanto por patriotismo sino por inercia, o supervivencia.

Hermilo y Luz con invitados

Hermilo de sombrero Ma de la Luz y sus padres, en el patio de las macetas en la antigua Santa Cruz.

---Nacho, Nacho despierta que oigo mucho ruido en el establo las vaquillas están muy inquietas que pasara ¿
Deja ver que pasa Trini voy al establo la noche está muy nublada y obscura no se ve nada.
--busca el quinqué no te vayas a caer
-- no mujer se acabo el aceite déjame que conozco el camino
-- despierta a Hermilo para que te acompañe.
--no mujer solo voy a asegurarme que no entro algún bicho a molestar a las vacas.
ˑˑˑ Ignacio bajo las escaleras de mármol de la hermosa Hacienda Santa Cruz dirigiéndose a los establos la obscuridad de la noche era tal que casi a tientas caminaba ayudado por el mapa mental de alguien que conoce el camino como la palma de su mano, llego a los corrales sin encontrar nada raro, o fuera de lo normal, abrió la reja y camino algunos pasos repentinamente escucho un resoplido tan cerca que no tuvo tiempo de voltear completamente cuando de un golpe seco en el pecho fue derribado al suelo sintiendo un fuerte dolor en las costillas y parte del abdomen que lo dejo sin aire, y sin entender todavía, lo que pasaba, solo alcanzo a ver los grandes ojos del toro semental que hacía por cornearlo de nuevo celoso a cualquier movimiento o sonido, al romper la cerca de púas que lo mantenía separado a las vaquillas, con el último aliento antes de desmayarse Ignacio se arrastro hacia fuera de las trancas y perder el sentido.
mientras que Hermilo saltaba de un brinco la cerca mientras forcejeaba con animal que no cedía, la posesión del cuerpo inerte del tío Nacho, y con la mirada aun horrorizada de la tía Trini que al llegar al corral encontró a Ignacio inconsciente pero aun vivo entre los dos lo cargaron, llevándolo a sus habitaciones donde las nerviosas Isaura y Loreto, los aguardaban Hermilo ensillo su caballo para ir en busca del Dr. Sevilla que vivía en el pueblo de Ticoman, en menos de una hora el Dr. Sevilla auscultaba al maltrecho Ignacio que presentaba dos costillas rotas y una posible hemorragia interna del vaso

El 24 de Noviembre de 1910a las 3.50 pm muere Ignacio Encisode 88 años Hermilo presenta a un juez a dar fe

El que predica con la palabra siembra; el que predica con el ejemplo cosecha.

En poco tiempo el Partido Anti reeleccionista, fue tomando fuerza hasta hacerse en un verdadero partido opositor y con esto blanco de persecuciones y arrestos

El 11 de Marzo de 1911 estados unidos siempre en un clima muy frio hacia Díaz, manda el despliegue de 20,000. Efectivos de su ejército al sur de Texas en una muestra de intimidación al sugerir falta de mando de parte de Díaz y claras muestras de intervencionismo imperialista.

El 12 de Marzo de 1911, se entrevista Limantour con Madero en Nueva York en el Hotel Astor en (Times Square 1904-1967), no tratándose nada en profundidad sino en lo general y solo hubo un intercambio de ideas generales, en el segundo encuentro el día 14, se hablo de algunos puestos en el gabinete que los revolucionarios querían así como en los Gob. De los estados y algunas reformas a la constitución, así como por parte de LImantourn añadió una indemnización a cada uno de los combatientes de la revolución el agente revolucionario pidió algunos puntos más en puestos del gobierno quedando hasta ahí las negociaciones,

La tercera entrevista de LImantour con Madero, y en la que por cierto estuvo en completa comunicación con el Gral. Díaz por medio del telégrafo, no sabemos lo que le fue ordenado, mas después de su último contacto con el General este cambio repentinamente de comportamiento y con un gesto más duro fue negándose a todas las peticiones de Madero, pidiendo además fueran hechas por escrito.

Revolucionarios

Regresando Limantour a México se anuncian las dimisiones, el 24 de Marzo de 1911 de todo el gabinete y varios gobernadores renuncian quedando en el nuevo gabinete los secretaros de Guerra y Hacienda, en Guerra González Cosió y en Hacienda Limantour de esta forma el presidente seguiría teniendo estas secretarias bajo su control. Quedando Francisco de la Barra, Demetrio Sodi, Vera Estañol, Manuel Marroquin y Ribera Roberto Dominguez como secretarios entrantes.

En su momento este acto de renuncia a la dictadura por parte de Díaz hirió a muchas clases que quedaron impresionadas, los políticos temblaron al ver que todos estos años de trabajo y barberias al dictador estaban entregándose a otros, los científicos despojados por unos arribistas, los revistas desamparados por su máxima figura y los porfiristas abandonados por su propio amo, la burguesía, la banca, industria y comercio se asustaron, la clase media creyó ciegamente en el gobierno, sumisos, los obreros y clase media baja expectantes y esperanzados y los revolucionarios pobres y menesterosos estimulados por la victoria moral que les fluía como droga en las venas.

Los peligros del ambiente enrarecido por el levantamiento fueron:-- la anarquía total-, informados por los medios, los habitantes se enteran de bandas de rebeldes dando rienda suelta al pillaje todos esos que del interior de la republica llegaron a la ciudad a triunfar y no lo lograron esos predecesores del chilango se enardecen con robos y asesinatos arremeten destruyendo infraestructura del gobierno teléfono telégrafo trenes, robando dinero y productos de primera necesidad, caballos y pertrechos en propiedades rurales las mas, así como asesinatos en masa, como a una familia española en Atencingo, un caso muy sonado.

La rebelión política; que ponía en evidencia la falta de instrucción militar por lo que era peligroso seguir perdiendo batallas por varios puntos de la republica.

El régimen militar; tomando medidas para erradicar las fuerzas anárquicas y contrarrestar las revueltas pues sabido era, que militarmente no estaba el país preparado con tan pocas fuerzas militares, así que el primer caudillo que fuera capaz de formar un pequeño ejército mínimamente preparado y más o menos grande sería suficiente para derrocar un gobierno inestable.

La revolución tomo auge antes de poder hacer llegar al General Reyes que estaba fuera de México y al que no estaban seguros en llamar, ya en abril con seis a diez mil alzados el pánico invadió a todos los elementos conservadores del orden nacional y extranjera, aunado como lo señalábamos a unas muy pobres relaciones con la casa blanca que siempre demostró mayor afecto a los revolucionarios que al gobierno, apoyando las incursiones de armamento y personal insurgente por sus fronteras, pero negando el paso al ejército federal por motivos de neutralidad, esta neutralidad de la casa blanca fue un pretexto para legalizar la poca ayuda brindada a Díaz, pero eso sí, cuatro años más tarde estos mismos precedentes en el derecho interno, si apoyarían a el gobierno de facto del General Victoriano Huerta, el usurpador, con permisos y derechos, negados a Díaz, y su legal gobierno, en su momento.

Como recordamos con anterioridad y precisaremos ahora, en 1911 Francisco I. Madero era acusado de insurrección y sale del país a El Paso donde es refugiado,

Para después cruzar otra vez de nuevo la frontera y reuniéndose con los insurrectos en Chihuahua.

En ese mismo año el ministro de Hacienda Lic. José Ives Limantour tenía platicas secretas con la Familia Madero en donde se trataba de pactar un nuevo gabinete ideal a la nueva gestión revolucionaria y que no fuera contrario a los intereses de Díaz, por su parte el General Díaz no acepto que le impusieran a el vicepresidente por lo que después de una gran discusión y la arrogancia del General, no llevo a nada.

Limantour no era extraño a los revolucionarios además tenia las conexiones en el extranjero lo que garantizaba que las finanzas del país no sufrieran deterioro ante los ojos de los países extranjeros el 24 de marzo renuncia el gabinete de Díaz a excepción de los ministros de Hacienda y de Guerra.

El 28 de Marzo protestan los nuevos ministros relaciones: Lic. Francisco León de la Barra Hacienda: José Ives Limantour, Instrucción Pública Lic. Jorge Vera Estañol, Fomento: Ing. Manuel Marroquin y Rvera, Justicia Lic. Demetrio Sodi, Comunicaciones:
Ing. Norberto Domínguez. Guerra Gral. Manuel Gonzales Cosió.

En esta transición, los brotes de levantamientos en varias partes del norte y centro del país ya eran constantes, en Morelos los hacendados una vez más apoyados en gobiernos que por años los habían ayudado, cada vez con más fuerza fueron agro industrializando sus haciendas, la producción de azúcar y alcohol estaba despuntando y la exportación de estos productos, era la más grande de la historia de la hacienda.,
Ya desde varias décadas atrás, habían invertido en maquinaria y mas tierras donde producirlos así que grandes haciendas como la de Acamilpa, el treinta y Cuahixtla en Cuautla de Don Manuel Araoz y varios hacendados como Ignacio de la Torre y Mier de la Hda de Tenextepango Rumualdo Pasquel de Miacatlan Emanuel Amor San Gabriel y Actopan la viuda de Vicente Alonso con la del Hospital, y Chinameca entre otros tenían casi todo el control del estado.

Orientar la vida hacia el derrotero apropiado, es la primera condición del éxito.

Revolucionarios en Coahuixtla Morelos

Capítulo VII

Zapata

Revisaremos en este capítulo los antecedentes de Emiliano zapata.

En Diciembre de 1909 los hombres de Anenecuilco un pueblo cerca de Cuautla fueron convocados por los más ancianos era Domingo 12 de Septiembre la voz de boca en boca y a escondidas de los oídos de los hacendados los participantes jefes de familia rebasando los 70 hombres al parecer votarían para el cambio de los mandos del pueblo los que había ya estaban viejos con lo que ahora resultaba difícil representar los intereses de los ciudadanos los candidatos más fuertes Modesto Gonzales, Bartolo Parral, y Emiliano Zapata, este ultimo conocido por todos, de treinta años de edad y que se oponía fuertemente a su antiguo patrón Pablo Escandón, no tuvo problema en ser elegido, su familia ya conocida y asentada desde décadas antes, eran muy estimados.

Gabriel Zapata su padre, su madre Cleofás Salazar, gente de cepa ya desde aquellos en tiempos de la guerra de independencia, su abuelo materno José Salazar como otros muchachos de otras aldeas habían actuado valerosamente cuando un ejército español, sitio a los rebeldes en Cuautla y ellos cruzando valerosamente las líneas enemigas llevaban provisiones agua sal tortillas por varias semanas dos hermanos de su padre Cristino y José habían peleado en la década de 1860 en las guerras de reforma así como en la Intervención Francesa, por lo que Emiliano creció escuchando historias valerosas, en las campañas contra los reaccionarios, y los imperialistas su tío, José Zapata conocido por sus intensos servicios como dirigente, en Anenecuilco durante la guerra de intervención, ya era viejo pero aun querido por todos, conocido por el General Díaz en sus años mozos muere en 1876; por lo que los Zapata eran conocidos y respetados, y Emiliano, apoyado por todos.

Emiliano Zapata nació en Anenecuilco pueblito cercano a Cuautla Morelos en 1879, algunos dicen que en el 77, hijo de Don Gabriel Zapata y Doña Cleofás Salazar.

'Emiliano no era pobre, vivía en casa de adobe, no en una choza', no trabajaba ni él ni su hermano Eufemio como jornaleros en las haciendas, ambos habían heredado algo de tierras al morir sus padres,

Eufemio vendió sus tierras y emigro a poner un negocio en Veracruz, Emiliano en cambio se quedo a trabajar sus tierras, a los diecisiete años tuvo problemas con la justicia por lo que tuvo que huir un par de meses a Puebla al rancho de un amigo.

Dedicado a llevar una recua de mulas, comprar ganado a veces aparcero de tierras, comprador y vendedor de caballos, cosa que disfrutaba, cada que tenía dinero compraba una silla de fantasía unas buenas espuelas y gustaba de montar, serio, de poca palabra clarividoso decían y de poco beber, mas de que se las ponía se las ponía, ah también muy enamorado y ahora Presidente del Consejo del pueblo.

Se afilio al partido Leyvista y su candidato Patricio Leyva, contra los científicos, que apoyaban a su antiguo patrón el Teniente Coronel Pablo Escandón.

Su reciente promoción empezó a darle problemas con los hacendados de la región por lo que para 1908 por encargo, al asumir Pablo Escandón la gubernatura, es reclutado por el ejército en esos años Ignacio de la Torre y Mier diputado, dueño de una de las mejores haciendas de México y Morelos (Tenextepango, La Joya, era una de las más grandes), era yerno de Porfirio Díaz y este le consigue una licencia (permiso de ausentarse al servicio militar), y lo pone trabajar en sus caballerizas y establos de la ciudad de México como caballerango, en esos años Hermilo Mena en uno de sus viajes a la Ciudad de México en las caballerizas citadas conoce como caballerango a Emiliano y le compra un caballo que pertenecía a la cuadra De la Torre y Mier, mientras trataban el animal conversando se enteran que la novia de Hermilo Lucha, se llamaba igual que la hermana de Emiliano, las dos llamadas María de la Luz aunque

Emiliano era hombre de pocas palabras y casi diez años mayor que Hermilo, su plática amena fluida y la forma de expresarse de este, sorprendió profundamente a Zapata, hablaron un poco de política y Hermilo explico a Zapata que en la Hacienda San José había un terreno destinado a los peones paraqué fuera sembrado por ellos con el total usufructo de la cosecha, aunque él era hacendado, compartía las ideas contemporáneas en cuanto a posesión de tierras por los campesinos, apoyarlos con tierras para ser trabajadas y utilizadas para tener un apoyo extra, que era un clamor general y una necesidad para su desarrollo, por su parte Hermilo entendió las razones de Zapata en cuanto los excesos de los hacendados de Morelos y el país en general, recordando las palabras que años antes había platicado con su tío Nachito cuando niño.

Hermilo Mena y Ma de la Luz Rul

Ese mismo día Hermilo y Emiliano comieron juntos y tomaron unos jarritos con tequila Hermilo le platica su anexión al partido antirreleccionista luz y progreso desde finales de 1910, y al calor de la amistad Emiliano hizo prometer a Hermilo que si algún día lo necesitara, Hermilo no lo dejaría morir solo, Emiliano y Hermilo lo sellaron con un salud!.

En este club, Hermilo tiene oportunidad de conocer al general Luis Moya de Zacatecas, que tenían en común ser terratenientes y hacendados, que moriría en su natal sombrerete entre el 8 y 9 de Mayo de 1911.

Ese mismo año de 1910, otro evento tendría lugar en la ciudad de México el cometa Halley que se vería de una manera clarísima, seria presagioso mensajero de tiempos difíciles, la guerra, el hambre y las enfermedades.

Aquiles Serdán es instruido por Madero en encabezar la revuelta en Puebla, y planean el levantamiento el mismo día 20, pero desgraciadamente un pitazo los desenmascara por órdenes del jefe de la policía de Puebla Miguel Cabrera de encontrarlos en casa de los Serdán, así que manda una escuadra para detenerlo en un cateo en casa de estos, que se sale de control, durante una refriega entre sus familiares y más de 80 soldados y que duro más de cuatro horas muere el jefe de la policía Miguel Cabrera el sargento Vicente Murrieta, también, mueren todos los anti reeleccionistas y Maximo Serdán, Aquiles es ayudado a esconderse por su esposa en un doble fondo de sus habitaciones donde permaneció oculto casi quince horas, pero al querer salir es encontrado por el teniente Porfirio Pérez y ahí mismo es asesinado.

Cinco días después, ese 24 de Noviembre de 1910, muere su tío Ignacio Enciso.

Sembradíos

Poco después Emiliano regresa a Anenecuilco para ser ya la autoridad.

Después de la feria de Cuautla, se lanzan a la lucha Torres, Burgos, Proculo Capistran, Tepepa, Catarino Perdomo, y Zapata pasando sobre Villa Ayala y los Hornos irrumpiendo en Jojutla y atacando Tlaquitenango.

El Teniente Coronel Pablo Escandón renuncia ante el inminente levantamiento suriano

El coronel Aureliano Blanquet personaje que veremos detenidamente en adelante, organiza una matanza el 19 de Abril con su 29 Batallón en los pueblos rebeldes

En Guerrero el maderista Ambrosio Figueroa ocupa las más importantes poblaciones, en una distanciada relación con los zapatistas.

A mediados de 1911 inician conversaciones entre representantes de Porfirio Díaz y la familia de Madero, el Lic. Limantour conversan acerca de la forma en la que organizarían el cambio del poder quienes quedarían de la antigua administración y quienes serian propuestos por la revolución además de una serie mas de exigencias que a veces enconaban las platicas del convenio de Ciudad Juárez.

El 25 de Mayo dimite Porfirio Díaz dirigiéndose a Veracruz y sale al destierro el 31 del mismo mes en el Ipiranga rumbo a Francia.

Quien se apoya sobre una base frágil, caerá necesariamente con ella, Saint Laurent.

Comienza el periodo del presidente Francisco Leon de la Barra.

Una vez que Díaz se va, Madero permanece algún tiempo en la frontera tal vez sin comprender aun el triunfo revolucionario, comienza su camino a la capital, tres cientos mil esperanzados lo vitorean la mayoría proletariados.

Una vez que entra a México el 8 de Junio de 1911 al grito de poco trabajo mucho dinero pulque barato viva Madero. Al fin le cae el veinte al apóstol, de lo que en verdad era la democracia, mas lejos estaría de comprender que la revolución, y el convenio de Ciudad

Juárez, no eran fáciles de cumplir o al menos hacerlos tratar de caminar simplemente solos, así entonces comenzaron los comicios, Madero como figura mayor presidencial, Pino Suarez había sido propuesto para vicepresidente su formula gano fácilmente, mas Madero no resulto tan preclaro para lograr sus propósitos, ya tan meditados, y no tuvo visión política a futuro, seguro, ante el triunfo no aquilato la profunda confianza del pueblo y la esperanza que tenían todos en él, y se fue para muchos alejando del espíritu revolucionario.

Junio de 1911 Francisco I. Madero en el poder por fin, no alcanza a consolidar su gobierno, no satisfaciendo las expectativas de los dirigentes revolucionarios, aunado a que no comenzó con la labor de reconstrucción del país, al contrario de eso, parecía mas preocupado por no contrapuntear algunos intereses de antiguos porfiristas con lo que gano mas enemigos que adeptos,

Se pelea Madero con el Gral. Reyes, y al no permitir que siga en su fórmula electoral perdió algo del electorado, pues normalmente, si la fórmula electoral funciona se recomienda mantenerla, lo cual no fue, también rompe con el Doctor Vásquez Gómez al que al principio calificaría del cerebro de revolución, se vuelve demagogo y populachero sus simpatizantes más serios en su ideal democrático pronto desconfían de él, por lo que estallan nuevos conflictos en el país,

Zapata ya no estaba convencido totalmente de Madero y de sus promesas para los problemas campesinos y, no estaba de acuerdo que a Morelos no llegara una pronta solución, la tierra y la libertad era después de todo la verdadera razón de la revolución y al no sentir su apoyo reniega de él, por su falta de compromiso al ideal campesino el proletariado rural y obrero se sienten engañados, por lo que se distancian de Madero, luego este, es señalado de tomar setecientos mil pesos de los fondos públicos como gastos de la revolución, y con esto, otros jefes revolucionarios en el norte y sur del país empiezan de nuevo, la revolución.

'El buen ejemplo, al que estamos obligados, es el mejor de los oradores.'

Vámonos a la bola

Me pregunto por qué Madero se dejo engañar por Huerta, porque no supo leer entre líneas el proceder de este infame personaje, dejo ser negado por sus propios compañeros de armas, veamos.

De Noviembre de 1911 protesta del Sr. Don Francisco I. Madero como Presidente de la Republica, su primer nombramiento es Manuel Vázquez Tagle Ministro de Justicia, Lic. Manuel Calero Ministro de Relaciones Exteriores, Don Abraham González Ministro de Gobernación, Lic. Miguel Díaz Lombardo Ministro de Instrucción Pública, Lic. Rafael Hernández Ministro de Fomento, Gral. González salas Ministro de Guerra, Don Ernesto Madero Ministro de Hacienda, Ingeniero Manuel Bonilla Ministro de Comunicaciones.

Como primer acto de gobierno Madero mando a al Lic. Gabriel Robles Domínguez a conferenciar con Zapata, quien de principio deseaba también la paz, replegando su cada día mayores fuerzas a villa Ayala.

Las condiciones de Zapata eran, retirar como gobernador de Morelos al Gral. Ambrosio Figueroa, las fuerzas del Gral. Federico

Morales, expedir una mejor ley agraria en cuanto al trabajador campesino, retirar en menos de 45 días las fuerzas federales de Morelos quedando una guarnición al mando de Zapata de quinientos hombres, otorgando la fuerza del estado a Raúl Madero o a Eufemio Zapata, para Lugo nombrar al gobernador por consenso de los principales jefes del movimiento suriano y el propio Madero.

Madero no acepto y le reviro que si en verdad lo quería servir tenía que rendir sus armas para así ser indultados los zapatistas del delito de rebelión y al mismo Zapata se le daría permiso temporal para salir del estado, iniciándose así una cruenta lucha y lanzando el Plan de Ayala el 28 de Noviembre de 1911.

Hermilo tenía una relación más formal con María de la Luz Rul hija de Don Manuel Rul y Lara, era descendiente directa del Conde Don Antonio de Obregón y Alcocer Conde de la Valenciana, mina importantísima, donde se exploto desde la colonia la plata, hasta 1902 cuando es rematada para ser vendida por la testamentaria del conde. Su abuela dueña de la hacienda de Tlalpan le dejo una considerable cantidad en dinero y acciones de la mina. Conoció a Hermilo cuando en la Villa de Guadalupe donde vivía, Hermilo llevaba leche de su establo para vender.

Hacienda San José.

Carrilleras y Mitazas

Se hicieron novios y durante muchos meses estuvieron saliendo juntos, a lugares como el Teatro Colon a ver obras como: El soldado de chocolate, El encanto de un vals, El conde de Luxemburgo. a principios de los 1900s Los Lumiere en Francia representados por Veyre y Bernard, ya habían traído a México el Cinematógrafo las famosas ¨¨vistas¨¨, existía en esos años el Salón Rojo donde se estrenaban películas como Limosna de amor o Engañosas apariencias, El hijo de la loca, también Cebollino y su oso buscan colocación, siendo este Salón Rojo, agencia exclusiva de las renombradas Pathe Films también en esos años se escuchaba al aplaudido Tenor Manuel Mendoza López, la comedia de los hermanos Quintero, y La vida que vuelve, joya de la literatura moderna de los escritores sevillanos y que prudencia Grifell hiciera majestuosa e inolvidable con su actuación, con un costo en luneta de cincuenta centavos.

A la Opera, o escuchar música de Strauss o Franz Lehar María de la Luz sabia francés y tocaba el piano y tal vez por vivir en un cerrado ambiente y con hermanos militares, sentía que su relación con Hermilo la tenia feliz.

Como era de esperarse en un tórrido romance donde tal vez la falta de cariño que Hermilo había tenido en su infancia y lo enamorado que estaba de lucha, los hizo dejar rienda suelta a su pasión y en 1912, el 6 de Julio, y aun sin casarse tienen a su primer vástago, Ignacio Mena Rul, pero este siendo el resultado de una relación extramarital y debido al miedo de él que dirán mantienen el embarazo en secreto y su primer hijo. Juan Ignacio Mena Rul, es puesto en custodia de un convento bajo los cuidados de la madre superiora, donde Hermilo donaba dinero en agradecimiento.

Cuando yo era un chamaco, me llamaba la atención que mi padre, que era muy celoso de su propiedad, no permitía por ninguna circunstancia que extraños se metieran a sus terrenos pasando las cercas, sin ningún permiso, por esa situación mi padre estuvo muchas veces en peligro, pues hacia que se salieran y no todas esas veces las personas estaban de acuerdo y otras estaban armados así es que muchas veces lo vi exponer su vida, me toco ver como a cachazos fuetazos o con la misma arma que les quitaba los hacía salir, y yo le pregunte alguna vez, pero papa por qué no los dejas? están cortando troncos o ramas, pues total que se lleven unos quelites, pero él me contestaba, no hijo, si yo permito que uno se meta los demás lo van a hacer y yo tengo la obligación de cuidar por lo que mi padre murió, que son estas tierras, y creo que tenia razón, reflexionando, creo que mi padre también murió hasta el último momento, creyendo en cuidar estas tierras también, que lo hicieron un hombre seguro e influyente en Tlalnepantla, respetado por sus acciones y sus donaciones.

Pero el único que tenía permiso de entrar inclusive con su ganado era Luciano Cardozo, que era arriero. Cuando yo tenía ocho años, podía salir a montar a los terrenos aledaños a San José, que eran una vasta extensión de terrenos en subidas a una montaña y largas planicies, pero sobre todo largas extensiones de sembradíos y pastizales donde encontraba a Luciano Cardozo con sus animales tal vez cinco vacas unos nueve borregos una mula que el montaba y una yegüilla flaca amarrada por una de las patas delanteras a un burro, los cuales pasaban brincoteando para ir siguiendo al ganado, me encantaba llegar a la hora del almuerzo que era un descanso de tal vez cuarenta y cinco minutos que los peones utilizaban para almorzar, llegaba desde la hacienda la mujer, con su Chiquigüite lleno de tortillas, unos trozos de carne en chirriahue (un cocido con salsa de diferentes chiles y tomates), queso y agua en unas jícaras de calabaza, donde no podía faltar el pulque tan común en esas latitudes, yo me unía al grupo de tres o cuatro peones, los cuales también eran atendidos por sus esposas o hijas mayores y les caía en gracia que yo llegara tan chiquillo, pues monto desde los cinco años, con mi caballo, mi perro, y eso si ataviado con sombrero, botitas, carrilleras pistola y espuelas.

después de hacerme algunas preguntas de cómo estaba el patrón, mi padre, y cosas del rancho pues él no era peón de San José, su padre había muerto pocos años después que mi abuelo, de hecho Luciano Cardoso ya era un viejito de setenta años cuando me platicaba estas historias, mientras almorzábamos en el campo, Luciano nos platica de mi abuelo, Hermilo que el conoció cuando adolecente, pues Luciano Cardozo padre, fue ayudante de Hermilo en sus años en pro de la causa revolucionaria, como también en sus tiempos de guardias de zona, y nos contaba cómo se habían conocido, como se unieron a Zapata, así conocí algunos hechos que vivió mi abuelo y como era, así pasaba horas después del almuerzo, platicando con el viejo arriero.

Segando la cebada 1913

Hermilo recibe un comunicado de Emiliano en el que le pide que se entreviste con la Coronela María Esperanza Chavarría, gente de las confianzas de Emiliano, que llegaría a Santa Cruz para cambiar caballos y descansar con unos zapatistas que estaban en los alrededores de la ciudad de México Hermilo los atendió y conoció al General Herminio Chavarría hermano de la Coronela, y a Manuel Sosa Pavón, están unas cuantas horas para descansar y salen temprano en Noviembre a Morelos, pero le piden que la próxima semana salga rumbo a Morelos a llevar diez mil pesos que lograrían para la causa Hermilo lo toma como una gran obligación y un honor que se le confiere por el Atila morelense, el 18 de Noviembre de 1911, en Cuautla es recibido Hermilo por Manuel Sosa Pavón Rodolfo y Octavio Magaña los tres conocidos como pagadores de Zapata y aunque muchas veces lo negaron pues Zapata se jactaba de no pagar a su tropa ya que eran fieles a la causa, más claro que si pago muchas veces a su ejército, se dice que Hermilo estuvo presente en Morelos en las mismas fechas mientras Zapata escondía (los papeles), los documentos más preciados de los pueblos de Anenecuilco los cuales eran planos y documentos antiquísimos a manera de escrituras que desde 1905 habían sido pedidos al Archivo Gral. De la Nación por los representantes de la Asamblea de Pueblos Luciano Cabrera y Avelino Salamanca y constaban entre otros documentos individuales Real Cedula de 19 de Febrero de 1560, Merced Real del virrey Don Luis de Velasco 5 Septiembre 1607 Ramo de Mercedes Reales del 22 de Febrero de 1614, Fondo legal de Tierra de Indios 1798 y mapa topográfico del pueblo de 1853. Representados y custodiados por Zapata, y también estuvo en Morelos cuando se redacta el Plan de Ayala. Ya en San Juan Ixhuatepec se le señalaba como pro zapatista, cosa que le empezaba a dar algunos problemas.

Tiempo antes el General Victoriano Huerta acusa de insubordinación a Pancho Villa que se dice se negó a dar su caballo al Gral. Por lo que fue encarcelado en la cárcel militar en Santiago Tlatelolco.

Anteriormente Villa, en 1910 fue presentado al Sr. Francisco I. Madero por Don Abraham Gonzales y que gracias a Madero es ayudado a escapar a la frontera por lo que le habría desde ese momento una total veneración del Centauro del norte hacia el apóstol de La Nación y de la historia Mexicana...

Para sustituir al Gral. Joaquín Beltrán en la dirección del Colegio Militar de Chapultepec el Presidente Madero nombra al Coronel de artillería Felipe Ángeles que regresaba de Europa,

Madero sustituye al Ministro de Gobernación Jesús flores Magno y a José Ma. Pinosuarez en Instrucción pública.

Para Octubre de 1912 Félix Díaz conspira contra Madero, "El sobrino de su tío", como le llamaban por su relación familiar con Don Porfirio se subleva en Veracruz con el coronel José Díaz Ordaz, jefe del 21 batallón, por parte del gobierno el Gral. Joaquín Beltrán y el Gral. Joaquín Mass son mandados a terminar la insurrección a Veracruz donde cae prisionero Félix Díaz, como ya comentamos sobrino de Díaz, fue sentenciado a la pena capital y perdonado por Madero, e ingresado a la penitenciaria de la CD, de México.

A finales de Enero de 1912 se levanta en Ciudad Juárez la revolución Orozquista, el 3 de Marzo de 1912 Pascual Orozco desconoce a Madero, Villa subordinado de Orozco le desconoce, pero después de algunas batallas es derrotado y huye a Fresno, renuncia el Gob. Abraham Gonzales y se refugia con el Coronel Francisco Villa, poco después en la batalla de Rellano muere el Gral. Gonzales Salas y herido el Gral. Aureliano Blanquet, es mandado el Gral. Victoriano Huerta a la campaña contra Orozco, nombrado a Francisco Villa, jefe de la Division del norte, el 24 de Marzo de 1912.

En la madrugada del 14 al 15 de Abril de 1912 se suscita a miles de kilómetros al norte del mar Atlántico una de las peores tragedias marítimas, la más triste y recordada a lo largo de la historia, "el Titanic", el trasatlántico más lujoso de sus tiempos armado en Irlanda por la naviera White Star Line, choca contra un iceberg yéndose a pique con más de 2100 pasajeros, entre ellos en primera clase y viajando solo un mexicano, el señor don Manuel e. Uruchurto de cuarenta años.

Boleto pasaje Titanic

Originario de la ciudad de México, según su boleto de primera clase, venia de Cherburgo con destino posteriormente a Xalapa Veracruz México, Don Manuel había reservado un boleto de regreso en el barco France, pero un buen amigo Guillermo Obregón, le convenció de cambiar su boleto por el boleto 17601 de el Titanic, el barco más lujoso de sus tiempos y considerado imposible de hundirse, (ni dios lo podría hundir) decían los dichos populares, Don Manuel Uruchurto, diputado que pertenecía a una familia aristocrática porfiriana, en esos años revolucionarios salió al exilio a Francia en espera de que se apaciguaran las cosas y de paso visitarla General Ramon amigo personal después de un par de meses desidia regresar a Mexico y reunirse con su esposa, se dice que ya estaba en uno de los botes salva vidas, el número once, pero en un acto heroico le sede su lugar en el bote a una mujer llamada Elizabeth, que desesperada por no tener un lugar con sus pequeños hijos, es bendecida por el al ofrecerle el lugar, cosa que le costaría la vida.

El General Huerta, Antonio Rabago y Villa van rumbo a Parral donde gente de Villa retiene una yegua que no querían regresar y dan a Villa, este tampoco la quiso dar por lo que Huerta por medio del Gral. Rubio Navarrete aprende a Villa por insubordinación gracias al General Rubio Navarrete y Raúl Madero, le perdonan la vida, y es mandado preso a México por ser un jefe peligroso para la división el 7 de Junio de 1912, en la cárcel de Santiago Tlatelolco, ahí Villa conoció entre otros a Juan Banderas el agachado, y al Gral. Bernardo Reyes, con ayuda del Lic. Carlos Jáuregui, ahijado de Reyes, Villa escapa, el 26 de Diciembre de 1912 disfrazado, de ferrocarrilero, donde sale rumbo a Toluca y a Guadalajara llegando a Manzanillo tomando el vapor, Ramon Corral va a Nogales internándose a territorio americano.

Capítulo VIII

La Decena Trágica.

El 9 de Febrero de 1913, salen de Tlalpan y Tacubaya a la prisión militar de Santiago Tlatelolco donde exigen al Gral. Manuel Mondragón libere al Gral. Bernardo Reyes, luego en la prisión del DF. Liberan al Gral. Félix Díaz, en camino al Palacio Nacional antes delegar es aprendido el Gral. Gregorio Ruiz y fusilado, el Gral. Reyes seguía rumbo al Palacio Nacional., pensando que el Gral. Ruiz ya estaba ahí, con una metralleta el intendente del palacio Adolfo Basso mata al Gral. Reyes y hiere al Gral. Lauro Villar.

Mientras Félix Díaz y Manuel Mondragón van rumbo a la ciudadela, al mando del Gral. Rafael Dávila que en poco tiempo es hecho prisionero.

Ya que el gobierno carecía de fuerzas militares leales a Madero, este sale rumbo a Cuernavaca a reunirse a las fuerzas leales del Gral. Felipe Angeles. Madero nombra al Gral. Victoriano Huerta que lo venia acompañando, como comandante militar de la plaza en substitución del Gral. Lauro del Villar, seriamente herido.

'Evita la lectura de malos libros, son amigos traidores, que matan alagando'.

El 10 de Febrero de 1913, regresa Madero de Cuernavaca con más de 2000 soldados con el General Felipe Angeles, pero en la ciudadela los esperaban 1500 soldados con parque y fusiles para poder resistir por largo tiempo, a las diez comienza el ataque a la ciudadela.

Desde las primeras horas de mañana del Trece de Febrero, Madero es avisado del levantamiento, y sale del Castillo de Chapultepec a caballo escoltado por algunos alumnos del colegio militar, (La marcha de la lealtad), y en la Avenida San Francisco después de una cruento tiroteo se le une el General Victoriano Huerta, el cual se pone a sus ordenes en compañía de Manuel Bonilla y Elías de los Rios donde se refugian en la fotografía Daguerre en Avenida Juárez.

El 17 de Febrero de 1913 antes de la tarde el Gral. Victoriano Huerta desconoce al gobierno de Madero, mientras Madero discutía los acontecimientos, se presenta el Tte. Coronel Jiménez Ribero, con un mensaje diciendo que el Gral. Blanquet le manda decir a Madero, que en Oaxaca, el Gral. Rivera se sublevo al gobierno, le ordeno entonces Madero a Jiménez Riverol que le diga a Blanquet que le informe personalmente pues el sabia de la lealtad a toda prueba que le tenía el Gral. Rivera, al ver que esto no le funciono a Jiménez Rivero hace entrar a los soldados insurrectos del 29 batallón, el capitán Federico Montes les ordena con firmeza que den media vuelta, mas el teniente j. Riverol les ordenaba, soldados …apunten fue…cuando en un rápido movimiento de un balazo el Capitán Garmendia le da muerte, el segundo jefe del pelotón mayor izquierdo, también es muerto al entrar al salón y al querer controlar a la tropa por el Capitán Federico Montes, al caer muertos los dos jefes del pelotón, estos, abren fuego sobre madero al tiempo que heroicamente, se interpone entre ellos el Ing. marcos Hernández, cayendo muerto instantáneamente.

Logrando tener por unos instantes el control, Madero, baja por el elevador a la comandancia militar donde es aprendido pistola en mano por el Gral. Aureliano Blanquet que ya tenía preso al Lic. José Ma Pinosuarez y a otros.

El Gral. Huerta invito a comer a Don Gustavo A. Madero al restaurant Gambrinus, al terminar sus alimentos, Huerta, le pregunta a Gustavo a. Madero, ¿trae pistola Don Gustavo?, este le dice que si, y Huerta le dice, "préstemela un rato, cree usted que la mía se me olvido", luego de unos momentos este se levanta, según a una llamada telefónica, y Madero es aprendido al terminar de comer.

Felipe Angeles es detenido por insubordinación y es dirigido a prisión con Madero y Pinosuarez.

Nunca es más grande el hombre que, de rodillas.
Donoso Cortez.

El día 18 de Febrero de 1913, el Gral. Félix Díaz pone al preso Gustavo A. Madero, bajo el mando del Gral. Mondragón, el cual lo iba a fusilar pero en vez de eso lo entrega a Cecilio Ocon, que gritaba junto a otros civiles, "queremos el ojo de vidrio de Gustavo para jugar a las canicas", y en eso, un soldado pincho con su bayoneta, el único ojo sano de Madero, dejándolo completamente ciego, a lo que gritando de dolor fue asesinado por la espalda, matando así a Don Gustavo A. Madero, el 19 de Febrero, de 1913, e inmediatamente despues a Don Alfonso Basso.

El único culpable de estos horrendos asesinatos, fue Huerta, pues ni siquiera Félix Díaz obtuvo ganancia, de estos hechos, si acaso Blanquet, que fue otro de los traidores, y así los vera por siempre la historia...

El 19 de Febrero, renuncian a los cargos de presidente y vicepresidente de la republica el Sr. Francisco I. Madero y José Ma Pinosuarez, quedando interinamente por unas horas ministro de Relaciones Exteriores Pedro Lascurían, el día 20 de Febrero de 1913 toma posesión interina el Gral. Victoriano Huerta.

Pero el gobernador de Coahuila Venustiano Carranza desconoce al usurpador,

Un día después que hace renunciar al Sr. Madero y el vicepresidente Sr. Pino Suarez, Huerta recibe con un abrazo y diciéndole "mi querido hermano", al Brigadier Félix Díaz que pensaba inocentemente que iba a tomar posesión del gobierno, pero la traición estaba consumada y en los pasillos del Palacio Nacional se cierra el pacto de la ciudadela, firmado el 18 de Febrero reunidos los Generales Félix Díaz, Victoriano Huerta, asistidos por sus abogados, Fidencio Hernández Rodolfo Reyes, coronel Joaquín Mass y Enrique Cepeda.

Desde que los señores Madero y Pinosuarez estuvieran presos el Sr. Marquez Steerling ministro de cuba estuvo con ellos cuidando de sus vidas.

También el ministro de Chile, Anselmo de Hevia, por su parte Huerta se comprometió en respetar las vidas del Presidente y Vicepresidente, donde serian conducidos por tren a Veracruz, y posteriormente serian puestos en el cañonero "Cuba", que los llevaría a la Habana, mas lugo el día 22 de Febrero en la noche son despertados y conducidos por ordenes del cabo de rurales Francisco Cárdenas y el teniente Rafael Pimienta, a la Penitenciaria donde a pocas calles de llegar, simulando un asalto de gentes contrarias al presidente, asesinan cobardemente a Madero y Pinosuarez en las obscuras calles de penitenciaria, ahora colonia Morelos, matando asi a Don Francisco I. Madero de un tiro mientras el Sr. Pinosuarez gritaba "me asesinan" recibiendo un balazo en la cara.

La verdadera honra es ser honrado, y alabado, de los que son en sí, dignos de toda honra.

Asi, Madero y Pinosuarez son asesinados por Francisco Cárdenas y Rafael Pimienta, los autores materiales, por ordenes de Huerta autor intelectual y ayudado por Blanquet que los detiene en el elevador de Palacio Nacional, cosa que enciende los ánimos revolucionarios y comienzan los levantamientos y traiciones, de la siguiente etapa de la revolución, la constitucionalista, la cual es más sangrienta y cruenta, en ese momento, se desata entonces la maquinaria de asesinatos en el Distrito Federal y varios puntos de la republica, los capitalinos son mudos testigos de tan cobarde y estéril proceder de este personaje al que no se le baja de asesino, borracho, marihuano, y mitómano.

"El Usurpador", Victoriano Huerta tal vez porque la idea de dejar el gobierno del país a los revolucionarios a los que el catalogaba como gente plebe e ignorante y que claro no eran peores que él un hombre gris que solo tuvo la suerte de estar en el lugar y momento preciso para arrebatar el poder sin conocimiento del arte y de la política, la luz de la democracia le era inimaginable, y en esos, sus propios tiempos, los de la traición cobarde, los del oportunismo, del arrebato artero del control, y de los parabienes que traerían una conmoción popular para asirse de esa gran oportunidad el mando, que no iba a dejar pasar, y menos a otras manos que no fueran del.

y ya lo decía Don Porfirio Díaz que la razón por lo que le va bien a Estados Unidos es la aglutinación y amalgama cultural y política, pues ya que el individuo gana la presidencia el gremio político y el pueblo se unen para apoyar al que está en el poder, uniéndose para así trabajar todos juntos por el bien común y para sacar adelante al país, cosa muy diferente a lo que nos sucede en nuestra nación una vez en el poder surgen inexplicablemente un cambio repentino donde amigos y enemigos se ponen en su contra con el clásico cangregismo donde los de abajo jalan al fondo de la cubeta a los de arriba para impedirles mantenerse arriba.

Y aunque esto lo dijo Díaz hace más de cien años es muy vigente en estos días.

Cuando nuestros héroes más importantes en la independencia se disque pusieron de acuerdo y se dispusieron a formar un congreso que nombraría como emperador a Agustín de Iturbide (Agustín I) también comenzaron a planear en derrocarlo, recordemos que desde el 10 de Febrero de 1821 el General Vicente Guerrero jefe del Ejercito Insurgente un mes antes recibe una carta de Iturbide de cuando era jefe de las Fuerzas Realistas pidiendo se sometiera al gobierno prometiéndole le serian reconocido su grado territorio y ejercito, y a lo cual Guerrero rechazo y es documentado en cartas que mutuamente se mandaron, ya en un pueblo del Estado de México Acatepan se encuentran se dicen bellas palabras el uno al otro y sellan un pacto de alianza con un abrazo fraternal el famoso abrazo de Acatempan y forman el plan de Iguala y originan el Ejercito Trigarante o de las tres garantías que diera el paso a la independencia pero al proclamarse Iturbide emperador se rompe el pacto y se convierten en enemigos.

Recordemos que al llegar a la presidencia también nuestro primer presidente Guadalupe Victoria se hace enemigo de su vicepresidente Vicente Guerrero, este a la vez encontró a su peor enemigo en Anastasio Bustamante que raro es el humano no?

Otros grandes antagonistas fueron Don Benito Juárez y Valentín Gómez Farrias que en su momento formaron una fórmula de gobierno.

Otros hechos como la ya comentada perdida de nuestro territorio casi la mitad de nuestro país al avance de los ejércitos invasores por territorio nacional, otros de nuestros líderes peleaban entre sí por asirse del poder, mariano paredes al mando del ejército con el cual juro defender la soberanía nacional y lo utilizo para conservar el poder, mientras que en la capital mariano salas proclamaba la monarquía dejando una coyuntura para que así los yanquis desfilaran a sus anchas a tomar Palacio Nacional, estos eran los famosos marianos.

Años más tarde en la revolución nuestros caudillos se mataron entre si y así la confusión de quien eran los héroes y quienes los enemigos del sistema, pero eso si a todos los tenemos con sus nombres en oro en el congreso.

Y seguiremos con esta feria de sangre.

'El primer paso que se da en el vicio, lleva sin sentir al precipicio. Garcés de masilla'.

Al mismo tiempo, sin embargo Hermilo sentía que el país estaba pasando por una prueba mucho muy difícil los aires de libertad en pleno desbordamiento, en los que la población en verdad necesitaba un ideal, una esperanza de cambio que era urgente; distante pero consiente que a este mundo había llegado a algo, empieza a gestar lo que después se convertiría en una constante en su vida, (vengo a dar no a recibir.)

Don Hermilo supervisando la obra

En prisión el Gral. Felipe Angeles es invitado a colaborar con Manuel Mondragón (su padrino) nombrado Ministro de Guerra quien lo quería con Huerta, pero este se niega, por lo que es casi desterrado a Bélgica cosa que al final no sucedió, y en cambio fue dado de baja como director del Colegio Militar y expulsado después del país regresando meses después, para estar a punto de ser escogido por el movimiento constitucionalista como Secretario de Guerra, pero al saber esto Obregón en un rápido movimiento de ajedrez para ser el segundo de Carranza, y con esto la enemistad entre Ángeles y Obregón ; Abraham González es apresado después de renunciar como gobernador de Chihuahua, poco depuse es muerto por el mayor Benjamín Camarina, el mayor Hernán Limón y el capitán Federico Revilla el 7 de Marzo de 1913.

En la Hacienda de Guadalupe, de Don Marcelino Garza, es redactado el 25 de Marzo de 1913, el Plan de Guadalupe.

Por escribir en contra de Victoriano Huerta, el 7 de Octubre es asesinado Don Belisario Domínguez.

En el norte, Don Venustiano Carranza recibió los primeros mensajes de Madero, ya lo había visto venir, y sin comprometerse se adhiere al gobierno, mandando a Francisco J. Mujica a conocer de cerca la situación, y proponerle, se fuera a Coahuila, luego más tarde al recibir el mensaje donde Huerta le informaba que "autorizado por el senado, había asumido el poder ejecutivo, tenia presos al presidente y vicepresidente."

Carranza, estaba de acuerdo que la constitución de la republica, como guía de los mexicanos, no autorizaba ni al senado ni a la cámara de diputados, a nombrar otro presidente, por lo que Carranza, desconoce el gobierno infidente de Huerta, comenzando con él una política de estire y afloja, que ya desde las primeras noticias del asesinato del presidente se torno un poco indiferente ya que en el fondo este hecho no le incomodaría el camino, a su futuro, y con sus cartas listas, no tuvo que aguardar mucho para empezar a construir su historia, desconociendo a Huerta, y así ganarse un rincón en esta memoria de hombres de cepa, ya que fue el único gobernador que no acepto el nuevo poder y así a empezar la Revolución Constitucionalista,

Entre los hombres que siempre fueron gente de Carranza se encontraba el Coronel Álvaro Obregón que fue nombrado jefe de Sección de Guerra, con cierta experiencia al mando, ya antes había comenzado como alcalde de Huatabampo.

Claro está que Aureliano Blanquete, poco tiempo después y debido a sus grandes servicios a Huerta, le tenían que retribuir su premio, y es ascendido a General de División, el 23 de Marzo de 1913.

'Es bueno para nada, ser solo bueno para sí'.

Villa por su parte comienza una serie de triunfos que lo encumbrarían como uno de los máximos líderes revolucionarios.

El 2 de Octubre de 1913 Torreón es tomado por Villa.

El 10 de Octubre de 1913, es disuelta la XXVI Legislatura tras un informe leído por los diputados en contra de Huerta, y son aprendidos los 84 diputados.

El 2 de Noviembre de 1913, Villa toma CD, Juárez y Álvaro Obregon toma Culiacán, el 13 Noviembre en esos hechos muere el coronel Gustavo Garmendia.

Capitulo IX

Boda Hermilo y María de la Luz

Noticias de Boda 1914

El día Viernes 16 de Enero de 1914 se casan Ma de la Luz y Hermilo en una elegante y fastuosa boda en compañía de un sin número de invitados de la crema y nata de la época. Al medio día en la residencia de los padres de lucha, en la quinta calle de bucearla numero 164.

Hermilo y familia Rul y Palma

Entre los invitados asistieron Sra. Aurelia N. Vda. de Avelaira, Dolores Sierra de Antillon, Elena Castañeda de Aantillón, Cristina Cortina de Álvarez de Rul señora de Abascal Nelly García Conde de Ávila, Luz P. de Arechavala, Concepción N. de Arana y fam, Ana Camacho, Guadalupe Cacho de Casso Concepcion Stampa de Carrera, Diana Cussi de Felix, Eulalia Cussi de Palladini, Concepción Montaño de Cussi, Elena Carrera de Carrera, Margarita Arroyo de Cajiga, Maria Castañeda de Cummins, Angela Garcia de Carrera, Aurelia Barrios de Guillen, Elena Pliego de Barrera, Carolina Olmedo de Barros, Ma de los Angeles Gutierres Barranechea de Buenrostro, Guadalupe Ibarbuengoitia de Buenrostro, Lala Suares de Bassoco señora de Vallarta Condesa de Dandini de Sylva, Sara Fernandez de Castelot, Dolores Lopez Negrete de Icaza Landa, Margarita Satin de Fontoura, señora de Figeroa, Josefina Garces de Dosal, Enrriqueta Wright de Gayosso Guadalupe Gonzalez Rul, Angela Gonzales Rul de Pavon Loreto Tagle de Gutierrez Luz Goitia de Olmedo, Ana Olmedo de Rul, Angela Luder vda de Godoy, Carmen Mariscal de Luna y Parra, Mercedes Berriozabal de Landa, Guadalupe Rubin de Sauto, Margarita Rul de Wichers, Guadalupe Alvares y Cortina, Luz y Dolores Cummins, y se dice que al medio dia y hasta después de media noche no dejo de tocar la música y pasaron muy contentos la velada los huéspedes de la Sra. Adela Palma de Rul.

A los pocos días Hermilo sale con unos peones a Tlahuac cargando unas mulas con carabinas para armar a unos cuantos alzados que ayudarían al ataque de los zapatistas donde se vería con el Gral. Genoveva de la O y donde Hermilo fue invitado por el Gral. De la O y otro cabecilla llamado Cenobio Reyes a combatir y unirse a este ultimo e ir a Cuernavaca cosa que Hermilo no acepto debido a su reciente boda, y así salvando la vida ya que el 13 de abril es atacado el tren de los federales del General Olea por el Cabecilla Cenobio Reyes muriendo este ultimo durante el ataque.

'La verdadera virilidad significa la voluntad fuerte guiada por una conciencia delicada'.
Huxley.

Para el 13 de Agosto ya Cuernavaca estaba bajo el control zapatista y Emiliano le pide a Hermilo le lleve 60 cabezas de ganado lo cual convienen sea para junio y ese día se ven en milpa alta.

'Cuando el genio no es santo, es soberbio'

En Agosto de 1914 entra de
Presidente interino Francisco Carvajal.
Debido a esa constante actividad Hermilo empieza a despertar sospechas de vecinos celosos y amistades no sinceras, por lo que fue señalado como ayudante de revolucionarios en esta ambivalencia de caracteres por un lado algunas gentes alababan esa actitud antiburgesa y otros lo quemaban vivo por lo mismo, por lo que empezó a ser investigado, y por esta razón tanto su estancia en su hacienda, así como su partida, siempre eran una sorpresa, y un misterio, en las noches ya muy tarde llegaba a caballo sin ser visto a pasar la noche con su esposa y al salir el sol salía con todo cuidado ayudado de los chiflidos de Luciano su mayordomo, que así avisaba de su llegada, o si el camino estaba libre, había verses que tenían que ponerle una tina en el jardín ya que el evitaba entrar a su casa sin haberse bañado y desinfectado, ya que llegaba cundido de pulgas y piojos y a veces pasaba hasta nueve días sin bañarse en sus trayectos por la sierra.

Construcción san José

En 1914 después de la derrota del Huertismo encabeza la lucha armada y se proclama a Venustiano Carranza jefe de las fuerzas constitucionalistas

En Febrero de 1914 Francisco Villa, derrota a los federales en Torreón

El día 19 o 20 de Febrero de 1914 mata en forma todavía no muy clara a William Benton, ciudadano y súbdito Ingles, arraigado desde tiempo atrás con más de cinco mil cabezas de ganado, y dueño de gran parte de tierras en el estado de Chihuahua, se decía que para cruzar Chihuahua tenias que pasar por tierras de William Benton.

Este hecho no tendría importancia a primera vista pues al fin de cuentas, un extrangero mas muerto por Villa, podria pasar inadvertido, mas p0cos saben que por esta razon casi fuimos invadidos por el ejercito britanico, que agraviados por el vil asesinato de un conciudadano ingles estuvieron dispuestos a mandar un acorazado y desembarcar en Veracruz, mas los americanos se ofrecieron a investigar el caso, evitando una posible invacion a sus intereses por parte de los ingleses que a la vez, tambien tenian muchas razones para una posible invacion disfrazada de defensa a intereses importantes, petroleros metalurgicos y mineros.

Hermilo Mena

El Domingo 6 de Diciembre de 1914 Hermilo se queda de ver con Emiliano de ser posible a su entrada triunfal desde su arribo por pueblos de San Angel y Mixcoac donde Hermilo tiene la oportunidad de cabalgar unos kilómetros con el Gral. Rodolfo Fierro que venía en el regimiento de Villa y que a pesar de tener hacia Hermilo muy buena disposición y demostrar por momentos buenas maneras, inusual buen gusto, amena charla, picardía y desenvolvimiento, contrastando con su natural brutalidad, que dejaba escapar en momentos su maldad contenida

Ya desde 1895 el Bar la Opera fue fundado en esa su nueva y actual dirección, pero surge en esas fechas de la convención la historia del balazo de Villa en el techo del bar.

El día 8 de Diciembre en el Hotel Cosmos, Hermilo ve como mata' El Agachado', Gral. Juan Banderas, a el Gral. Rafael Garay por cuestión de carros y caballos.

El 6 de Noviembre de 1914, de forma interina es nombrado Eulalio Gutiérrez presidente, por la soberana Convención de Aguascalientes hasta el 16 de Enero de 1915, para dar paso a Roque González Garza en territorios convencionistas hasta el 9 de Junio de ese año, donde tras la definitiva victoria de Carranza se le exilia.

Luz y Hermilo en las Escaleras en costruccion 1917

De paseo puebleando

Ahora, San José tomaba forma por completo, al estar bardeada en su zona oeste, terminadas las caballerizas con algunos caballos los curatos de bombas, la ranchería donde tenían 16 casitas para peones y zona de baños y regaderas, así como una docena de lavaderos al lado de un acueducto que mandaba agua internamente a la casa grande los chiqueros de puercos y los corrales con 400 borregos y zona de ganado lechero más de 290 vacas y dos toros como pie de crías, que se encontraban en el patio trasero con un largo comedero la casa grande con cinco habitaciones muy amplias interconectadas con puertas que al abrirse todas llegaban en forma de pasillo de la recamara principal a los baños.

Luz siempre le dio un toque majestuoso y hogareño a la hacienda, heredo un gran comedor francés de mediados del siglo IXX traído de Francia para la boda de su tía, Guadalupe Rul y Azcarate, pintora conocida del mismo siglo IXX que hacia excelentes Bodegones y que estaban colgados en el comedor mismo, habían sido pintados a mediados del siglo IXX desde 1855 por su tía, Doña Guadalupe Rul y Azcarate, en la actualidad han sido expuestos por fundación Banamex.

También una gran cocina con varias hornillas de carbón y su chimenea de hollín que interconectaba a un gran desayunador y un precioso corredor a lo largo de toda la casa grande, que por medio de puertas individuales conectaban a cada una de las recamaras.

Escaleras en construcción

La sala y el comedor con vista a todos los campos y una capilla que por los problemas religiosos que prevalecían en esa época fue cancelada momentáneamente su construcción haciendo luego, unos cuartos a un lado de la alberca, para el jardinero, abajo del comedor una habitación que era empleada por Hermilo para jugar billar, con una hermosa vista al jardín, a un lado de la barda del acueducto aéreo se tenían varios gallineros que miraban al jardín, en el pasillo de interconexión del patio y las caballerizas bajo zona de la cocina y baños en la planta baja al frente de la casa del administrador,.

Al fondo de la casa el tinacal, pues el pulque se seguía explotando a menor escala debido a los constantes robos y pillaje. Abajo de las escaleras un pequeño cuartito- bodega, frente a la segunda casa en la planta baja.

'La esperanza es la cadena de oro, que une la tierra con el cielo'.
Severo Catalina.

Cocina y baños en obra

El siete de Octubre de 1915 nace Adela Mena Rul, hija de Ma de la Luz, y la adoración de Hermilo, cuando Adela nació, Hermilo regresaba a San José cuando un rondín de federales por Ecatepec lo detuvo, Hermilo fue arrestado, por lo que fue llevado a Palacio Nacional., no se necesito de muchos cargos para mandarlo al paredón, Ma de la Luz recién parida es avisada de la detención de su esposo por lo que con su criada toma el furgón hacia el centro con la esperanza de ver a su marido con vida, llegando, es atendida por el segundo al mando del Coronel Francisco de P. Mariel, y Álvaro Obregon, jefe al mando de la plaza, al llegar Ma de la Luz es recibida en forma indiferente, le preguntan sus generales y por su apellido, el coronel le pregunta con humor que si ella era pariente del Lobo Rul, a lo que ella le contesto "yo no tengo parientes animales", causándole esta, buena impresión al comandante, él le corrigió diciendo que el Lobo Rul era su amigo del colegio militar Diego Rul, a lo que ella le comento que Diego Rul era su hermano, lo cual le ayudo a Hermilo a salvar el pellejo, y además empezar una gran amistad con el Gral. Francisco de P. Mariel a tal grado que este, fue padrino de bautizo de Adelita. El mismo Gral. de P Mariel que de alguna forma sabia de las actividades de Hermilo es el que lo convence de dejar de trabajar con el enemigo de hecho decía "le respetemos su rango de coronel" lo que Hermilo nunca acepto, pero comenzó a dejar sus actividades en pro revolucionario, mas siempre apoyando a la causa de los desprotegidos, con pertrechos animales y alimentos y a partir de ese momento comienza a apoyar en agradecimiento y hacerles trabajos al ejercito de comprar caballadas, reses, granos y muchos trabajos en cubierto. Mas cabe decir que también de alguna forma apoyaba a él Gral. Comandante militar Fco.de P. Mariel el cual como ya dijimos era el jefe de la Comandancia del Palacio Nacional al mando total de Obregón, y el cual expide un salvo conducto a Hermilo que dice recomiendo y suplico a las autoridades constitucionalistas civiles y militares, se sirvan prestar toda clase de garantías en la persona e intereses del Sr. Hermilo Mena 4 Octubre 1915.

Lo que haces con alegría, te resulta fácil, Tihamer Toth.

Tras haber presidido desde 1913 el Tribunal Superior de Justicia del estado de Coahuila, es designado por la convención de Aguascalientes y para así terminarlas rencillas entre los grupos en fricción como presidente a Francisco Lagos Chazara del 10 de Junio al 10 de Octubre de 1915.

San José, pileta y jardín

Hermilo empezaba a ver un lado de Zapata muy especial, Emiliano ya no quería ningún tipo de alternativas en pro de la paz excepto que las armas, ya se había peleado con Madero, y ya no confió mas en el, a Victoriano Huerta lo odio, por la traición a Madero, y a que él lo persiguió cuanto pudo, a los constitucionalistas los ninguneo, como a muchos más.

A Carranza lo reto más de una vez, quería a mi forma de ver, que todo se quedara igual que desde los tiempos de los pergaminos que guardo y se remontaban a los tiempos de los virreyes, por lo que desespero a todos y dejo de tener adeptos, además con un Pablo Gonzales que no tenía otra idea, más que la de matar a Zapata este, se hizo más precavido y desconfiado, por lo que cerro cada vez más su círculo, dejo de comunicarse con Hermilo tal vez por su temor, y pronto Hermilo, dejo de apoyar sentimentalmente la causa de la ultima figura más representativa, de la revolución.

Pronto se dio cuenta, que esta etapa de la revolución se tornaba cada vez más en una pelea del, poder y en la cual la mayor parte de los revolucionarios eran asesinados uno a otro, muchas veces por los mismos correligionarios que en otros tiempos eran compañeros de armas y ahora por poder y conveniencia acérrimos enemigos, por su parte Hermilo se refugió en su esposa e hija, la causa revolucionaria estaba agonizando, sin ni siquiera, llegar a la culminación de sus ideales, pues todavía, en esos momentos, los ideales no estaban cumplidos, ya que la pobreza seguía, las desigualdades no cambiaban los opulentos arriba, los reaccionarios en lucha y los campesinos no veían ningún avance a sus necesidades, hoy más que nunca la revolución no tenía un futuro muy prometedor.

La terquedad es la energía de los necios.

Alma que se ha hecho cautiva del placer, se hace al propio tiempo, enemiga de la razón.

Y así al paso de los meses y los años, siguió la construcción de San José haciendo casas para los peones a un lado del área de las caballerizas, así como para el administrador, y para el encargado del ganado en los establos. Construcción de zona cocinas y baños.

Zona rancherías hada San José

Ma de la Luz y Hermilo en las escaleras

Capitulo X

Recados y cartas fotos del Archivo Familiar.

Salvoconducto a Hermilo.

El c. Hermilo Mena, por el Cuartel general para comprar ganado vacuno para el abasto de la beneficencia publica, por lo tanto, se recomienda a las autoridades civiles y militares, presten a dicho Sr. todo género de garantias para el eficaz cumplimiento de su cometido haciendo que todo gasto devengado sea cubierto en todo caso por el interesado,

Constitución y Reforma
México, Noviembre 22 de 1915.
El general Cmte. militar.
Francisco de P. Mariel.

Hermilo comienza una amistad con el Gral. Francisco de P. Mariel al cual apoya logísticamente.

Toma por amigo y confidente, al que sepa más que tu y sea mejor que tu.

El c. Hermilo Mena pasa en compañía de diez soldados por la Hacienda ¨ Arroyo Zarco ¨ a efectuar la compra de caballada para las fuerzas a mi mando, por lo tanto ruego a todas las autoridades civiles y militares le presten toda clase de ayuda y garantías en el desempeño de su comisión

Hermilo en Coahuixtla 1915

Constitución y Reformas
México 7 de Enero de 1916.
El general codte militar.
Francisco de P Mariel.

Recomiendo y suplico a las autoridades civiles y militares, se sirvan prestar toda clase de garantías al portador del presente Sr. Hermilo Mena quien va a transportar de la hacienda de San Sebastián Estado de Mexico maiz con objeto de darselo a las clases menesterosas.
Constitución y Reformas
México Abril 3 de 1915
Francisco de P Mariel.

Sírvase Ud. presentarse inmediatamente con la gente que lleva, ante esta comandancia militar, antes de proceder a sacar semillas de la hacienda de san Sebastián.
Constitución y reformas
México 8 de Abril de 1916.
Francisco de P. Mariel

El 20 de Enero de 1917 Hermilo Mena H., pretende formar un cuerpo de vigilancia para San Juan Ixhuatepec, pero el 30 de Agosto de ese año le comunican que no puede ser formado dicho cuerpo de vigilancia. Con este hecho comienzan una serie de problemas con los vecinos de San Juan Ixhuatepec que llegarían a salirse de control.

Tras enfrentar a los ejércitos de la convención encabezados por Zapata al sur y al norte Villa, y como primer jefe del Ejército Constitucionalista es nombrado Presidente Constitucional de los Estados Unidos Mexicanos desde Abril de 1917 Venustiano Carranza.

El 19 de Octubre de 1917 Hermilo es avisado que esa noche seria asaltada la Hacienda de Santa Cruz donde vivian sus hermanas por lo que estuvo pendiente a las diez de la noche oyó disparos de fuego por lo que el salió al balcón y disparo también su carabina al cielo para que los facinerosos lo vieran armado también en ese momento Bonifacio Arredondo uno de sus empleados, le grito que no tirara ya que él estaba cuidando los milperos, cabe señalar que Arredondo trabajaba para Hermilo, a lo que Hermilo le dijo "no estés molestando" y que se fuera, a lo que Arredondo no hizo caso y se fue con otros varios que Hermilo pudo distinguir de lejos y de noche, por las brazas los cigarros que fumaban, al otro día Hermilo recorrió la barda de la casa viendo huellas de querella saltar, después de esto se dirigió a la oficina para pagar la raya a sus trabajadores, donde fue avisado que unos hombres con capotes merodeaban la hacienda y se refugiaron en casa de Arredondo por lo que fue hasta la casa del mismo a decirle que corriera a esos ladrones a lo que Arredondo contesto "no soy encubridor y si te vas a unir a los zapatistas hazlo, llegando te voy a colgar", sacando su pistola y apuntándole, acciono el arma la cual no percutió por encontrarse encasquillada, mas antes de tratar de activarla, Hermilo hizo un disparo al aire diciendo "no lo intentes te lo advierto", y después apuntando hacia Arredondo le dijo tirara el arma, mas este trato de dispárale de nuevo esta vez Hermilo le disparo en dos ocasiones lesionándolo, quedando tendido con la pistola empuñada todavía ante varios testigos, después de probar con una carta que el occiso traía en la cintura en la que dejaba advertir su separación de la hacienda no sin antes reflejar en la misma frases obscenas cargadas de marcado resentimiento y tras probar mal comportamiento del occiso, fue declarado inocente el 16 de Julio de 1919, después de estar evitando por un tiempo ser detenido.

En 1917 el 10 de Noviembre ratifica que el panteón particular de la Hda Santa Cruz es un anexo del panteón del Tepeyac.

El 11 de Abril de 1918 Hermilo apresa a Toribio Maldonado Jesús y Tiburcio Rivas Bonifacio Garcia José Moran y su mujer robando aguamiel. como coartada Crescencio Morales declara que él les vendió el aguamiel de sus magueyes por lo cual son soltados y comenzarían a burlarse y pasearse por las cercanías de la Hacienda con el apoyo moral de Morales, el día 15 de Abril son descubiertos nuevos robos y se decomisa un burro con castañas de pulque .por lo que al levantar una acta y dirigir una carta al Presidente Municipal Cerecino Lozano, se le pide a Hermilo se presente el 18 de Abril a comparecer para declarar contra los inculpados.

Zumpango Marzo 21 de 1918.

Al c. José M. Rodríguez en el rancho de Santa Cruz Tlalnepantla.

En contestación a la solicitud de instalar una guardia de seguridad en su finca con conocimiento de del Gobernador, y como jefe de guardias locales en los distritos de Cuautitlán, Tlalnepantla Otumba y Zumpango, tengo autorización de mi Gral. Agustín Millan Gob. Del estado, y de mi coronel Aron López Manzano, jefe de guardias locales en este estado. Próximamente pasare al lugar para mejor organización, así como recordarle que se sujeten a su jurisdicción,

Capitán primero, jefe de las guardias locales Guadalupe Escamilla.

El 18 de Abril de 1918 se abre averiguación por parte de la Presidencia Municipal a los Sres. Toribio Maldonado y esposa, Jesús y Tiburcio Rivas Emilio Torres y José Moran Bonifacio Garcia y Cresencio Morales Severino Lozano Presidente Mpal.

El 12 de Junio de 1918 Amado Montiel escribe al juez de distrito quejándose que Hermilo Mena detuvo a su hijo Felipe Montiel cuando en el panteón procedía a la inhumación de su hijo, por lo que funesto preso en la Hda Santa Cruz además que el mismo Hermilo tenía una averiguación por homicidio. (Aun sin resolver su inocencia)

Desde 1917 y 1918 el Ejército Constitucionalista recibe fuertes derrotas y bajas, como los jefes Roaro Dionisio Carrión, o Mariano Álvarez R.

El 30 de Julio de 1918, el Presidente Municipal Cerecino Lozano escribe al capitán primero Jose G. Escamilla a fin de obsequiar una orden de aprensión del primer comandante Hermilo Mena por homicidio según oficio 19 Octubre de 1917.

El 31 de Julio de 1918, el Coronel Aron López escribe al Capitán José Escamilla jefe de guardias locales de Zumpango comunicándole que ya presento al Sr. Mena con mi Gral. Y ya tiene una cita pasado mañana y que de el oficio del presidente municipal lo deje pendiente (en cuanto investigar el homicidio) dando por el contrario todo tipo de apoyo al Sr. Mena pues el Gral. Ya está al tanto del problema.

Estado de México distrito de Tlalnepantla.

Lista de revistas que pasa en la fecha la guardia de seguridad establecida en la Hacienda de Santa Cruz, con la intervención de c. jefe de los guardias locales en el distrito.

1   Hermilo Mena comandante primero. Una 30-30 una pistola un caballo
2   José M. Rodríguez segundo al mando una 30-30 una pistola un caballo.
3   José M. Vera. Soldado un 30-30 un caballo.
4   Toribio Pérez soldado un 30-30 un caballo.
5   Ciro Ortega soldado un 30-30 un caballo
6   Roman Olvera soldado un30-30 sin caballo
7   Juan morales soldado un 30-30 sin caballo.

8   Francisco Ohohsima soldado un 30-30 sin caballo.

9   Leonor Pérez soldado un 30-30 un caballo.

10   Emilio Maldonado soldado un 30-30 un caballo,
Cartuchos 110.

Hacienda Santa Cruz Junio 5, 1918.

El comandante Hermilo Mena conforme el j. de las guardias.
locales Guadalupe Escamilla.

Presidente Mpal. Severino Lozano.

El 16 de Agosto de 1918 recibe Hermilo carta del Presidente
Municipal Jesus Basurto por medio de Enrique Torres, diciéndole que
se reciben quejas del proceder de los guardas a su cargo

El 18 del mismo Agosto, Hermilo le contesta que el problema se dio
cuando un ladronzuelo valentón que después de fugarse de los guardias
cuando estaba robando agua miel y fue detenido sin que quisiera dar
su nombre y se abalanzo con un cuchillo a su captor, por lo que fue
sometido a cinturonazos.

Floreando sobre la silla

Al mando de los divisionarios en Morelos, Pablo González toma Cuernavaca el 3 de Diciembre de 1918, Zapata sufre la baja de sus oficiales, los licenciados Lecuona y Zuñiga, y el gral Domingo Arenas., en una de sus últimas maniobras comienza a cohechar a ciertos jefes del ejército de oriente, llegando a querer "voltear", a su plan de Ayala, al mismo coronel Jesús Guajardo, tras un acercamiento con Zapata por medio de recados y cartas, este ultimo idea un plan macabro, hace creer a Zapata que se quiere poner a sus ordenes contra el gobierno de Carranza, convenciéndolo con crueles engaños a entrevistarse con él, en la Hacienda de San Juan Chinameca, acompañado por pocos hombres, entre los cuales venían los Generales Feliciano Palacios, Ceferino Ortega, y Muñoz, los cuales son asesinados tan solo al cruzar los portones de la hacienda al ofrecerles un saludo militar, que a la vez era la señal de fuego, el día 10 de Abril de 1919, y cuyo cuerpo, fue exhibido en Cuautla.

Carranza felicito ampliamente el trabajo quirúrgico del General Pablo González, de inmediato Jesús Guajardo fue ascendido a coronel, y también los hombres a su mando, así se pagaba a los traicioneros, y así en la feria de sangre y traición nuestro héroe Venustiano Carranza manda el asesinato de Zapata el Atila del sur.

Por su parte Hermilo que ya experimentaba decepción a la causa y la confusión de ver que otro jefe, que a su parecer, era el más identificado con la causa revolucionaria, había sido asesinado de una forma sangrienta y lo más triste, traicionado, por los mismos que llevaban el estandarte de tierra y libertad, pero que también buscaban el escaño, y el oportunismo, el poder.

Hermilo entendería posteriormente, que esta sería la constante de la entrante "Revolución Constitucionalista".

Desde el triunfo de la Revolución Constitucionalista con Carranza al frente, el ex ministro de guerra en el gobierno de Huerta el General Aureliano Blanquete del cual ya hemos hablado, del cual recordamos, se dice formo parte del pelotón de fusilamiento al tercer emperador de México el archiduque Maximiliano de Austria, después Blanquete salió huyendo al extranjero, y más tarde al principio del año llegando de la Habana, se une al ejercito reorganizador nacional al mando de su antiguo amigo Félix Díaz que lo reconoce como su segundo, con esto sale Blanquete en compañía de sus subalternos Francisco P. Álvarez Acosta y Pedro Garibay a Huatusco, el 14 de Abril de 1919, llegando a la congregación de Chavaxtla que es rodeada por dos barrancas, es atacado por una columna volante del coronel Guadalupe Sánchez, este tratando de escapar por una de estas barrancas se desploma y muere automáticamente, siendo este el fin del Gral. Blanquete, ahí mismo es apresado el general Francisco P. Alvarez el cual es llevado junto a la cabeza del Gral. Balanquete a Veracruz donde es mostrada en la guarnición de la plaza, y después de un inusual consejo de guerra pues se aseguraba que el Gral. P. Álvarez no figuraba en el escalafón del ejercito fue fusilado sentado en una silla, debido a sus heridas el 21 de Abril de 1919.

El 30 de Abril de 1919, muere la tía Trinidad Mena Vda. de Enciso, Hermilo recibe condolencias del licenciado José M. Velázquez por la sentida perdida, el día cuatro de Mayo de ese mismo año se lee el testamento de ella donde nombra a Hermilo el albacea de sus bienes, ante el Notario Jesús Basurto Guerrero, queda autorizada la escritura de protocolización de la cuenta de participación y subdivisión de todos los bienes a nombre de Trinidad Mena Zea viuda de Enciso, dejando a los tres hermanos Mena Higuera, como herederos universales de dicha testamentaria.

Con la muerte de la tía Trini Hermilo explica a sus hermanas que

Por así convenir a sus intereses era necesario que cada quien recibiera su parte equitativamente con la figura de la subdivisión de la hacienda con sus terrenos aledaños y a nombre de cada quien, pues anteriormente se lo habían recomendado para no sufrir alguna afectación con la recién instaurada ley agraria, por lo que tan pronto tuvieron personalidad jurídica comenzaron los tramites.

El 25 de Octubre de 1919 Hermilo escribe una carta donde le explica Crescencio Morales que si algún día tuvieron algún conflicto, para Hermilo ya estaba olvidado, por lo que además le regala un becerrito para semental, para las vacas del establo de morales.

'La verdadera humildad, es la característica del genio'.

El 30 de Junio de 1919 Hermilo entrega a la Sra. Leonor Mena de Limón un anillo de oro con un brillante grande por lo cual se le extiende un recibo,

Mientras tanto Villa en el norte no cesaba de atacar intermitentemente a las fuerzas federales encabezadas por el general Manuel M. Diéguez.

En el extranjero en Estados Unidos se constituye La Alianza Liberal Mexicana por algunos exiliados políticos como el ex director del Colegio Militar Felipe Angeles y Don José María Maytorena, Miguel Díaz Lombardo y otros más para la pacificación de la republica se interna a México Felipe Ángeles el cual se une a Villa y en una fuerte guerra de guerrillas es tomada en Abril de 1919, luego momentáneamente es tomada Ciudad Juárez, la cual es abandonada al enterarse que las fuerzas armadas irrumpen en nuestro país, lo cual enfurece a Villa, el ejercito de reconstrucción nacional autoriza a Felipe Ángeles a protestar enérgicamente contra dicha intervención, por lo que fue perseguido y finalmente echo preso, donde se le formo un consejo de guerra, y fue fusilado el 26 de Noviembre de 1919.

En esas épocas Carranza en presidencia convoca a elecciones y propone a en una idea de dar por terminado el caudillismo militar a Ignacio Bonillas cosa que no fue del agrado de Álvaro Obregón que anhelaba la presidencia de la republica y se subleva ante esos hechos caldeados Venustiano Carranza piensa trasladar su gobierno a Veracruz, en el trayecto cayendo la noche deciden pasar la noche en Tlaxcaltenango Puebla y en unas chozas de madera y palmas es emboscado y en la lluvia de balas es muerto por su propio escolta, Rodolfo Herrero.

El que a hierro mata a hierro muere

Así que una vez más la constante, Carranza es muerto por ordenes de Obregon.

Como presidente substituto es designado por el congreso de la unión el primero de Junio de 1920 Adolfo de la Huerta.

Hermilo mientras tanto seguía en su papel de albacea de los bienes de la tía Trini, entregando cuentas a sus respectivos herederos.

Ya anterior mente el día 6 de Septiembre de 1921 ante un juzgado de 1ra instancia iniciado el 12 de Marzo de 1920, Hermilo entrega a Natalia Montoya para su menor hija Guillermina Mena $ 5,000.00

El 19 de Septiembre Natalia M. Vda. de Mena extiende un recibo a Hermilo Mena por entregar $235.35 a su primo Manuel Mena hijo de ella consta en los

Archivos familiares.

El 9 de Abril de 1920 se presenta a San José el Síndico Manuel Rocha argumentando que ese terreno pertenecía a la nación por lo que inmediatamente tramita un amparo.

Mientras tanto en su faceta de jefe de vigilancia de los terrenos de san Juan Ixhuatepec tomaba muy en serio su trabajo.

---En esta fecha recibí del Sr. Hermilo Mena propietario del rancho de Santa Cruz municipalidad de Tlalnepantla estado de México las siguientes

Siete carabinas 30-30 que con autorización del gobierno del estado el referido tenía en su poder para el resguardo de su finca.

Y prosigue

Se recoge este armamento por orden de la secretaria de Guerra y Marina.

Sufragio efectivo no reelección.

Santa Cruz Julio 1 de 1920.

El Sr. Hermilo Mena Higuera, y sus hermanas, Isaura y Loreto del mismo apellido hacen ejercicio de sus derechos como únicos herederos universales de la Sra. Trinidad Mena vda de Enciso.

Cuerpo Gral. de bienes heredados.

Rancho de Santa Cruz y terrenos anexos en el estado de México, valuado en $25,350.00, terrenos anexos a la misma finca ubicados en el distrito federal con vale de $ 442.50 cabe señalar que al momento de entrar por el portón de la fachada principal de la Hacienda Santa Cruz se encontraba uno en el estado de México y al salir de dicho portón se encontraba uno en el distrito federal por lo que la hacienda Santa Cruz tenia terrenos en ambas entidades.,

Rancho de San José en el estado de México, por valor de $ 15,000.00.

La señorita Isaura Mena se adjudica la fracción del rancho Santa Cruz denominado Hacienda de La Presa la señorita María Loreto Mena se adjudica la propia hacienda de Santa Cruz, y Hermilo Mena la casa vieja donde construyo la propia hacienda San José en el pueblo de San Juan Ixhuatepec.

El 11 de Octubre de 1922, se hace una donación provisional de 130 hectáreas al pueblo de san Juan Ixhuatepec.

Como decíamos anteriormente para el primero de junio de 1920 toma protesta como presidente por el partido liberal constitucionalista Felipe Adolfo de la huerta que había sido gobernador de sonora y líder en la revolución de agua prieta orquestada por Obregon que puso fin a la presidencia de Carranza. Y poco tiempo después se torna enemigo del mismo Obregon que no cesaba de ambicionar el poder luego el primero Diciembre de 1920 recibe Álvaro Obregon la presidencia de la republica

Una vez en el poder con mano férrea Obregon

Disminuye el poder a la iglesia en 1922,

desde 1920 de la Huerta se desempeño en Hacienda y Crédito Público hasta Agosto de 1923 renunciando a su cargo para contender en las elecciones pero Obregón respaldaba a Plutarco Elías Calles lo que origino el rompimiento, De la Huerta se levanta en Veracruz en Diciembre de 1923 para Junio el movimiento es sofocado y De la Huerta se autoexilia

Poco antes el día 10 de Diciembre de 1922 Hermilo manda una misiva a Crescencio Morales donde le pide una disculpa por qué ganado de san José entro a pastar a sus terrenos más le aclara que debieron haberlas metido sus propias gentes ya que san José cuenta con pastores para sus animales y que además y al contrario siempre las vacas que se meten a san José son de su propiedad señor Morales, y que al igual que él, Hermilo también había entregado sin cobrar daño a los dueños de otros animales y al mismo Morales también y formulan un pacto en el que tratarían no volviera a meter animales apastar a los terrenos y en lo futuro que cada quien tendría que pagar daños al ofendido.

El 22 de Enero de 1923 en un documento sellado y con estampillas en contestación a la división a bienes de la Sra. Trinidad Mena viuda de Enciso el ex munícipe ya notario Jesús Basurto Guerrero y en presencia de testigos José María y Joaquín Rodríguez, vecinos de Hermilo también de testigo y sus hermanas Isaura y Loreto forman tres fracciones de los nombrados rancho Santa Cruz, San José, y La presa.. protocolizándose desde el 29 de Septiembre de 1922.

El 9 de Abril de 1923 Hermilo escribe al Presidente Municipal de Tlalnepantla Rafael Castillo, comunicándole de los robos que había sufrido por gentes del pueblo de San Juan Ixhuatepec tanto de ganado como de aguamiel y de la magueyera, de los productos que se plantan las cosechas con animales que meten a pastorear al igual que grupos perfectamente armados matado a dos veladores asi como de la hacienda vieja arrancan puertas ventanas y lozas.

El mismo 11 de Abril el presidente le contesta que ya tenía conocimiento de los robos hechos a su propiedad, por lo que ordenaría a las autoridades del pueblo de San junico pronta solución a sus solicitudes.

El 11 de Abril de 1923 el presidente municipal de Tlalnepantla Rafael Castillo.
Dada cuenta al h. ayuntamiento que tengo la honra de presidir, en sesión celebrada de su atento oficio de fecha 9 de Abril en el que se queja de los constantes robos que le hacen los vecinos le contesto que ya me dirijo a la propia h. corporación a las autoridades del citado pueblo excitándolas a que repriman y castiguen los robos que en terrenos de su propiedad cometen.
Notifico a Ud. para su conocimiento y como resultado de su instancia relativa, reiterándole, mi atenta consideración.
Sufragio efectivo no reelección.

Juanito Mena de dos años con lucha

A mediados de Abril de 1923 nace Juanito hijo de Hermilo y Lucha

En esas fechas existían algunas presiones de algún grupusculo que habían sugerido a Hermilo una donación de tierras para el ejido.

Hermilo con sus reservas, y ante la inseguridad que corrían el y sus hermanas, había accedido a donar de forma temporal, tierras de su propiedad y de su familia, ya existía por otro lado la presión por parte de organizaciones agrarias que detrás de los intereses de los pueblos, solo estaba haciendo una flagrante cacería de tierras, que amotinaba al populo y que ponía en peligro las vidas de los hermanos y sus empleados, por lo que se decidió hacer la donación.

ya que si bien se había aceptado tal donación era der terrenos que estaban lejos del pueblo no en la zona en que los vecinos del pueblo pretendían, que eran tierras ricas en riego por su situación topográfica y si, en efecto estaban pegadas al pueblo mas no por eso tendrían que ser esas mismas además se pretendía que fueran escrituradas solo a un pequeñísimo grupo lo cual era en contra de los intereses de todos por lo que no fue concretado, en esos términos, pues Hermilo no deseaba más que en todo caso, donarlo al pueblo mismo de san Juan Ixhuatepec en su conjunto.

La mañana del 20 de Julio de 1923 en el camino a su Hacienda de Canutillo, después de estar en Parral es asesinado el Centauro del Norte, el ya retirado General Francisco Villa cuyo nombre verdadero era Doroteo Arango Arambula, cae en una celada, preparada por algunos diputados, añejos enemigos del General, como Jesús Salas Barraza, que rentando una casa en las calles de Gabino Barreda y Guanajuato, frente a la plaza Juárez de Parral Chihuahua, esperan la señal para al momento indicado, abrir fuego matando a Villa y a otros acompañantes entre ellos el Coronel Miguel Trillo, Rafael Medrano, Claro Hurtado, y su asistente personal Daniel Tamayo, este otro movimiento en el ajedrez de Obregon.

En Agosto de 1923 se firman los tratados de Bucarelli.
ABRIL DE 1924ESCRIBE EL PRESIDENTE DEL COMITE ES DE LOS NOMBRADOS RANCHO SANTA CRUZ, SAN JOSE, Y LA PRESA.PROTOCOLIZANDOSE

El pozo en plena operación 1923

Capitulo XI

El pozo de agua

En un plano familiar, Hermilo estaba empeñado en terminar lo más pronto posible su hacienda con toda la infraestructura necesaria para desarrollar una agroindustria y así en hacer crecer su producción por lo que ya en su propios terrenos debía buscar del preciado liquido, tras algunos intentos y aproximaciones según las informaciones de su otro pozo, en Santa Cruz, encontró agua a tan solo sesenta metros de profundidad por lo que el agua tendría un papel muy importante en el desarrollo de sus tierras este pozo era de agua un poco más pesada que la del pozo del Copal y de la misma Hacienda Santa Cruz y que era de agua potabilísima y que estaba a ochenta y cinco metros de profundidad y que años después iría bajando su nivel hasta a mas de 100 ms y del cual hablaremos extensamente en poco tiempo.

Hermilo y Lucha en su auto

En esos años Hermilo gustaba pasear con Lucha a diferentes pueblos cercanos a su hacienda, por lo que en su auto viajaban a las Pirámides, a Pachuca, a cazar patos en las lagunas de Sahagún y Zempoala, su matrimonio estaba viento en popa su amistad con algunos núcleos sociales que estaban convencidos que Hermilo podría hacer una carrera política y los cuales lo apoyarían para lograrlo le invitan a que busque algún acercamiento a buscar una diputación por el municipio de Tlalnepantla o de Hidalgo en la ciudad de México.

Casería de patos en lagunas Santa Isabel Tola 1924

En Toluca sus amistades lo apoyaban, mas el sabia que los grupos que tenían el poder estaban muy bien posicionados en la zona y su natural apolítica lo mantenía siempre distante a estos círculos, aunque por sus desempeños sus conocidos los parientes de su esposa, tenía que, si no lidiar, si convivir sanamente y muy seguido con ellos.

El 30 de Septiembre de 1924 Hermilo hace un contrato de servicios con la Compañía Mexicana de Luz y Fuerza Motriz s.a. contrato número 158306 de irrigación a 75 centavos por kilowatt por hora.

Lo que hace una gran diferencia en producción y también despierta envidias entre sus vecinos.

En Diciembre toma posesión como presidente Plutarco Elías Calles, en su mandato se funda el Banco de México y un año después el presidente inaugura el Banco de Crédito Agrícola.

Ya desde el 15 de Abril de 1924 recibe Hermilo del presidente del comité ejecutivo Luis Garcia primer ingeniero de la delegación agraria del estado requiriendo su presencia para el deslinde y localización de la dotación provisional de tierras para el pueblo de San Juanico, pero dirigidas al propietario de la Hacienda el Risco, por lo que Hermilo le contesta que el Risco no es de él, que pertenece a la familia Morales, en una carta de el día 20 de Abril de 1924.

Este será el primer amague a las tierras de Santa Cruz y San José.

En esos días Juanito el pequeño hijito de Hermilo, era cargado por su nana, en dado momento, el niño estornudo, o simplemente tuvo un movimiento brusco, por lo que se golpeo fuertemente en la nuca, sin recibir una adecuada ayuda de su nana, o al menos avisar a sus padres por parte de la nana, por lo que a las pocas horas el niño convulsionaba, ante el asombro de sus padres, muriendo al día siguiente hasta que semanas después la nana con fuertes pesadillas no pudo seguir ocultando la verdad confesando todo ante el dolor de la familia.

Fue una época difícil para Hermilo y María de la Luz, los problemas agrarios de aquellos años acentuaban una cacería de brujas, puesto que muchos líderes ejidales asesaban a los pobladores de ciertas entidades a tomar terrenos que consideraban podrían reclamar como suyos avalando su nefasto proceder, a las reformas y leyes agrarias que como, la mayoría de las leyes son a veces planteadas desde un escritorio, y para acabarla de amolar, eran suscritas por gentes de poca visión y de nulo criterio, que no conocían a fondo los problemas agrarios ni mucho menos las necesidades que el campo tenia, y más de las veces se definían según el monto del soborno.

A esas alturas del ano y con la asignación del gobierno a Plutarco Elías Calles se agudizo la pelea estado iglesia y se desencadeno la guerra cristera que no podría sofocar y que finalmente tendría que pactar.

Para el día 24 de Noviembre de 1924 le llega una notificación para presentarse por la misma razón agraria. Por lo que Hermilo y

Loreto indistintamente, contestan que después de haber dotado de 130 hectáreas temporalmente no entran entre los propietarios a donar más tierras en unas cartas fechadas el 5 de Diciembre de 1924, las testamentarias de trinidad todo el año 1925.

El 3 de Junio de 1925 Hermilo manda una carta a los señores Crescencio Morales, Dionisio Ribero, Gabino Maldonado, Amado Montiel, Isidro González y Luis García. explicándoles que el año pasado gente armada había invadido su propiedad por lo que debido a la presión sus hermanas y el habían donado provisionalmente al pueblo en general con la única condición de que los vecinos respetaran sus tierras y que las tierras donadas fueran trabajadas así como la construcción de una escuela granja pero en vez de eso los hermanos mena habían sido robados y molestados continuamente por lo que se les pregunta si tenían ellos como representantes del pueblo, y ya que además habían recibido los terrenos en cuestión, la energía o y la fuerza para evitar los robos así como las invasiones. por lo que el 2 de Agosto de 1925, se manda otra carta al presidente municipal de Tlalnepantla, Daniel Fuentes, esta vez firmada por los tres hermanos Hermilo Loreto e Isaura, no obstante continuando los abusos del pueblo todo ese año de 1925.

El 14 de Noviembre de 1925, Román García Comisario Ejidal de san juanico, exhorta a Hermilo a declarar cuanto la producción de diferentes productos de san José, así como pedían que las personas que vivian en la vieja hacienda de San José desocuparan, para dar comienzo la escuela granja, a lo que les contesta que eso no es posible ya que la producción de la hacienda, se sabe hasta el momento de la cosecha, y en cuanto a desalojar la vieja hacienda ya era una petición extemporánea, ya que la hacienda, era de su exclusiva propiedad, ya que en las clausulas se habla de una donación provisional, sin olvidar que los integrantes del pueblo respetarían la propiedad de los hermanos Mena, y Hermilo y autoridades de san Juanico nombrarían un representante de ese asunto en particular.

El 5 de Febrero de 1926 a casi tres años del cobarde asesinato de Pancho Villa es profanada su tumba marcada con el numero 632, del cementerio del Parral, y es cortada y robada su cabeza, por supuestas órdenes del General Álvaro Obregón, y llevada a cabo por el capitán

José Elpidio Garcilaso, que a su vez formaría un grupo encabezados por cabo Figueroa, soldados Ochoa, García, Chaves, y Martínez, hoy en día no se sabe con certeza donde se encuentra la cabeza, pero se dice esta en alguna colección privada en Estados Unidos, o se cree que en algún lugar del mismo Pentágono, por ser el General Villa el único extranjero que había atacado hasta ese entonces a los Estados Unidos, y su cerebro analizado.

El 30 de Mayo de 1926 escribe Hermilo al comisario de San Juan Ixhuatepec donde explica que por instrucciones del ciudadano Carlos Reygadas Presidente Municipal de Tlalnepantla se le entregaran los animales que causaran daños a los terrenos de Hermilo por lo que se decomisaron animales de Dionisio Rivero y el 1 de Junio del 26 se decomiso una becerra pinta sin saber quién era el dueño el cual resulto ser el mismo Crescencio Morales por lo que Higinio Soto comisario ejidal pide a Hermilo devolverlo.

El 3 de Septiembre de 1926 es reportado muerto el velador del tinacal, y todo ese año son mandadas cartas al presidente municipal, con quejas, que si no tenía la fuerza o las ganas de ayudar a Hermilo simplemente lo dijera para tratar de pedir ayuda a otras instancias.

Hago una transcripción de una carta que envía Hermilo a el primer comisario de San Juan Ixhuatepec, que dice el primero del presente mes, eleve un escrito de quejas ante el presidente municipal de Tlalnepantla, refiriéndome a los constantes robos que sufren los hermanos Mena contestándonos verbalmente que nuestras garantías serian respetadas ordenando a su secretario citara a los comisarios de Ixhuatepec para darles instrucciones ignoro cuales serian sus ordenes pero el caso es que nuestras garantías no han sido repetidas por lo que estoy vigilando personalmente mi maguey era, hoy a las tres de la mañana sorprendí a cuatro individuos que se dieron a la fuga de los que reconocí a Cipriano Jara. Junio 12 1926. El 4 de Julio de 1926 le decomisa una vaca con su cría a Dionisio Rivero mas después de tres días fueron remitidos al comisario ejidal.

En septiembre se da la rebelión yaqui, que fue un gran dolor de cabeza para el presidente Calles, que ve como mas de 600 yaquis arriban a la ciudad a manifestarse al contrario se inauguran un puñado de escuelas.

El 14 de Octubre de 1926 es una fecha muy especial para Hermilo ya que nacen sus pequeños hijos cuates, Jorge Fernando, (mi padre), y Cristina Isabel que nacieron con unos tres o cuatro minutos de diferencia.

En esas fechas brota en el bajío la guerra cristera donde por los problemas que se venían dando la iglesia y estado se enfrascan en una cruenta batalla hasta 1929 donde los mismos autores llegan a un arreglo.

Isabel y Fernando Mena Rul 1927

El 22 de Mayo de 1927, Hermilo le manda al comisario ejidal Dionisio Rivero, un caballo, una mula, y una vaca que eran de el propio comisario ejidal pidiéndole, tuviera cuidado de sus animales.

Para esas fechas, Hermilo después de algunas noches de estar analizando, le pide a lucha opinión de traer al pequeño Ignacio que seguía viviendo en una escuela religiosa, la razón del porque Nachito no vivía con ellos no es muy clara, pero transcribo fragmentos de una carta de mi tío Ignacio Mena, escrita en 1978, a mi Sra. madre; doña Rosario Bravo de Alva. Vda. de Mena Rul.

"Cuando tenía un poco más de trece años, en la última visita que me hizo mi padre al internado, le pedí que me llevara con él a su casa, cosa que acepto, y fuimos a despedirnos de la directora del plantel para agradecerle y llevarle unos presentes y dinero, desgraciadamente no estaba pues estaba de visita en el colegio de niñas, otra profesora recibió los regalos y nos dio la bendición.

Compramos algunos regalos a mis compañeros y le dio dinero al padre Josefino al cual vi rodándole unas lágrimas de sus ojos mientras nos daba la bendición.

El trayecto en el coche de mi papa por diferentes calles de la ciudad donde constantemente saludábamos a diferentes personas las que me presentaba como su hijo, salimos de la ciudad rumbo a la carretera a Pachuca hago. pero no llegamos más que a escasos cinco kilómetros, desviándose de ella a un camino de brecha y llegando a una finca sin terminar una barda perimetral, donde empecé a escuchar truenos, y música como si hubiera fiesta, y mucha gente que le esperaba con flores, serpentina, confeti, y gritos de vivas y dianas, mi padre me dijo "ya llegamos bájate, saluda a estas personas que son tus parientes y amigos míos, quieren conocerte", aturdido por la sorpresa de tal recibimiento no pude abrir la puerta del coche, y una de tantas personas me abrazo y saco del auto con mucho amor, fuimos a una sala donde me presento a todos como su hijo explicándome el parentesco, tías tíos primas primos y hasta una pequeña hermanita muy bonita y simpática que me abrazo y me beso, y no se retiro de mi

Adelita jugando con sus amiguitas

Hermilo con Adelita y varios niños 1927

En todo el día, comimos juntos y siguió el baile más tarde me venció el sueño y me quede dormido.

Mi padre fue bueno y cariñoso y trato de hacerme la vida llevadera dándome consejos mitigando a su manera mi desventura"

Tampoco se sabe porque si Ignacio era hijo de Luz ella nunca tuvo una buena relación con el, por lo que con mucho dolor Hermilo lo inscribió en una escuela muy buena con internado en el año 1926.

Sigo transcribiendo de la misma carta,

"Reconociendo su error pensó en mi educación como salida a su pena, me interno en la Fundación Mier y Pesado en la colonia Industrial, fundada el 2 de Julio de 1917, una de las mejor escuelas que encontró, quise revelarme mas no pude.

Pensé que quizás ese nuevo ambiente encontraría mas comprensión y haría amistades tanto de maestros y compañeros, de alguna forma me pude olvidar momentáneamente de mis penas de niño, con los consejos de maestros y la convivencia con mis compañeros".

'La caridad no es realmente un deber; sino la satisfacción de una deuda'. Selgas.

El 17 de Septiembre le escribe al Comisario Ejidal, que Rafael Rivas vecino del pueblo quebrando más de veinte magueyes y cuando se le increpo el hecho, burlonamente dijo que era del ejido, por lo que manifiesta Hermilo, que claro que no era ejido sino propiedad privada, pero aun si los magueyes estuvieran sin ser el caso en los terrenos que los hermanos mena dotaron provisionalmente al pueblo de San Juanico de todos modos los magueyes pertenecían a los dichos hermanos mena. Escribiéndole también a Crescencio Morales una misiva parecida.

El General Francisco R. Serrano tenía intenciones de contender en las elecciones presidenciales contra su paisano y amigo Álvaro Obregón, y contaba con muchos electores que veían con buenos ojos su candidatura así como muchos militares que no apoyaban a calles y Obregón por lo que se unieron a su causa.

El día tres de Octubre de 1927 unos malhechores robaban además de magueyes, elotes de la milpa, leña y postes de las cercas, y ahí fueron sorprendiendo a Nicolás Rivero y Arnulfo Suarez.

Por casualidad sucedió que ese mismo día y horas más tarde, en un macabro plan se reúnen el general Joaquín Amaro con el presidente Plutarco Elías Calles para avisarle que se entero que el General Francisco R. Serrano estaba en Cuernavaca en espera de la adhesión de las fuerzas del General Juan Domínguez, ya en Balbuena se había sublevado el General Ignacio Almada con otros militares de cepa, intentando llegar a Texcoco donde se les unirían cuatro batallones al igual que en Perote y Torreón ya se les habían unido mas corporaciones militares del 16 regimiento de Coahuila, Plutarco Elías Calles manda un cable donde ordena y cito textualmente "que Serrano sea detenido y conducido a la ciudad de México", la orden escrita es interceptada en los pasillos del Palacio Nacional por el propio Obregón quien le hace añadir la palabra "muertos" Serrano que estaba festejando su santo con trece amigos y correligionarios en esta aventura, entre ellos los hermanos Peralta son detenidos y trasladados a Huitzilac Morelos en dos carros, en el trayecto sus amigos preguntaban a serrano crees que nos hagan algo a lo que serrano militar de una pieza les contesto no se preocupen soy un general del ejército y será respetado mi rango, en el trayecto uno de los camiones donde venían Serrano y otros se paro por un desperfecto mecánico, y por lo tanto el carro de adelante se separo por un gran trecho a lo que sus acompañantes insistieron a Serrano "debiéramos escapar ahora que podemos" el, confiado de el honor entre militares les repitió "calma no pasa nada" encendió el carro y se fue acercando a la caravana y en cierto momento en Huitzilac el General Fox que tenia al cargo a los detenidos le comenta algo en secreto al coronel Hilario Marroquín y al capitán Pedro Mercado, Marroquín baja del carro intentando amarrar a serrano lo cual hace espetarle que respetara su uniforme y que no se atreviera a amarrarlo, este lo golpea y lo asesina de un par de balazos y gritando ordena a los demás soldados disparar a los detenidos que al ver la escena comienzan a correr entre el despoblado siendo masacrados como si fueran tiros al blanco, así que ese mismo día el general Francisco R. Serrano sería asesinado con otros acompañantes como el General Carlos Vidal, Miguel A. y Daniel L. Peralta y otros y nueve mas siendo estos los mártires de Huitzilac, otra más de las victimas de Obregón.

El trece de Octubre de ese mismo año de 1927 la Cámara de Senadores reforma el artículo 83 de constitución general de la republica estableciendo los periodos presidenciales, el presidente entrara a ejercer su cargo el primero de Diciembre, durara en el seis años y nunca podrá ser reelecto para el periodo inmediato".

El 5 de Noviembre es fusilado por rebelión el otro candidato a la Presidencia, el general Don Arnulfo S. Gómez, igual que Serrano.

El 2 de Diciembre de 1927 siendo comisario Dionisio Rivero, celestino Rivero, roba un guajolote en San José iniciando un proceso por robo y abuzo de confianza contra Celestino Rivero.

Con esto se le manda presentarse al juzgado a Ma de la Luz Rul por lo que Hermilo le pide que ya que es su esposa la seria su representante legal pero por tener que ver al gobernador en Toluca fuera un día después. Para lo relativo al 30 de Noviembre de 1927 de los robos de unos guajolotes de san José al cargo de la Sra. Juana Hernández, la misma que sorprendió a celestino Rivero, comisario ejidal, pues las autoridades del pueblo estaban implicadas.

Hermilo que ya desesperado trato de buscar ayuda en un nivel más alto el día 19 de Diciembre de 1927 comunica sus problemas a Don Aristeo Falcón el cual por recomendación de el Dr. Alberto Romo Flores el cual estaba muy bien situado en el congreso del estado en la correspondencia particular de los diputados lo cita la mañana del 20 de Diciembre a las diez horas del día para tratar asuntos de interés y presentarlo con Don Agustín Rivapalacio hermano del Gobernador

Manuel Rivapalacio, para el 22 del presente estos asuntos eran tratar de recuperar los terrenos que provisionalmente se habían entregado al pueblo pero que debido a los constantes ataques de parte del pueblo ya no era tan fácil. Y que Rivapalacio ayudaría a lograr, por lo que le solicita a Hermilo documentación.

El 3 de Enero de 1928 de la Tesorería General del departamento administrativo, en respuesta al memorial de Ud. fechado el 29 de nov. Próximo pasado por sí y en representación de sus hermanas Ma. Loreto e Isaura Mena les manifiesto que por acuerdo del ciudadano Gobernador Constitucional del Estado Carlos Rivapalacio, que se concede la baja de 133 hectáreas 33 aéreas tomada del rancho san José para dotar de ejido al pueblo de Ticoman.

"Eureka"…, estaba sentenciado por un juez.

El 16 de Enero de 1928 el Abogado de Hermilo el Lic. Luis Cabrera. Le escribe a Hermilo para recoger documentación de parte del gobierno.

En un escrito mandado al oficial mayor de la Comisión Nacional Agraria Cornelio Cedillo, el 26 de Marzo de 1928, Hermilo les explica que se inicio un juicio agrario, promovido por los vecinos de San Juan Ixhuatepec por lo que él y sus hermanas se ampararan ante las leyes agrarias y el art 27 constitucional, en cuyo concepto al pronunciarse resolución por al presidente de la republica en fecha tres de Diciembre de 1925, por preceptos anteriormente invocados no fueron afectados, confirmando así, del c. Gobernador del estado de México, entidad federativa que conoció la primer instancia. Resolución basada en su pequeña extensión, según articulo 14 reglamento agrario del 10 de Abril de 1922. por lo que ese mismo, se hizo una cesión provisional de 130 pectes en su mayor parte cerril con una serie de faltas a los estatutos de dicha cesión por parte de los vecinos de san junio aparte de la presión ejercida por gentes de dicho pueblo por lo que se firmo bajo presión y con varios vicios, por lo que se les podría dotar de terrenos a campesinos que los necesiten verdaderamente de tan solo 27 hectáreas de temporal de las propiedades de María Loreto e Isaura Mena, conocidos como Xixintla el panteón y otra fracción adelante del borde del rio de los Remedios y Tlalnepantla correspondientes a la Hacienda La Presa.

El 30 de Enero de 1928, Hermilo sostiene una conversación con el Sr. Agustín Riva Palacio, acerca de la devolución de los terrenos ocupados por los vecinos para formular un escrito al gobernador y hablan del camino que estaba pegado a los terrenos el cual quedaría cortado al regresarle dichos terrenos, así como tratar dicho asunto del camino y ya arreglado tratar la devolución de dichos terrenos.

El 22 de Marzo de 1928 Hermilo queda con el Sr. Cornelio Cedillo para llevar el asunto de recuperar los terrenos donados anteriormente. Y quedan en un total de quinientos pesos, como honorarios del abogado, que queda de hacer el borrador de la misiva al gobernador.

El mismo 26 de Marzo Cedillo le aconseja a Hermilo explotar por ese momento solo los magueyes que no estén en dichos terrenos, además considera que Agustín Rivapalacio está en un error ya que debe tomar en consideración que la Comisión Nacional Agraria apoyaría por motivos políticos, (hasta hacer una investigación), a los vecinos de San Juan Ixhuatepec por lo que se citan los tres en monte pio nacional a las dos de la tarde del día 28 de marzo.

Cedillo escribe a Hermilo que en esos días estando en Toluca para ver dicho asunto vio al Sr. gobernador el cual estaba motivado a ayudar pero decidió revisar el caso para evitar ···"censura".

Fungían como representantes del pueblo el Comisario Dionisio Rivero, Luis y Román García, Amado Montiel y otros, los cuales mandan un escrito a la Secretaria General del departamento de Fomento del Trabajo y Previsión Social sección tierra y agua para pedir apoyo para que Hermilo Mena Higuera y hermanas donaran parte de sus tierras al pueblo de San Juanico.

El 27 de Abril de 1928 reciben Román García, Dionisio Rivero Amado Montiel y demás signatarios representantes del pueblo de San Juan Ixhuatepec una carta de la Secretaria General del Departamento de Fomento Trabajo y Previsión Social sección Tierra y Aguas.

Asunto: se les contesta telegrama por el que piden se giren órdenes para que el propietario de la Hacienda de san José no los despoje de sus terrenos.

En respuesta al telegrama al respecto no es posible acceder a sus deseos, de sostenerlos en la posesión de tierras pertenecientes a San José y Santa Cruz pues fueron declaradas inafectables según fallo pronunciado por el presidente de la republica el 3 de Diciembre de 1926.y dio termino al expediente agrario que se siguió a su instancia. En conocimiento de que quedaron exentas santa cruz y san José y fue afectada la Hacienda del Risco en cuya virtud, deben desalojar las tierras ocupadas ilegalmente y concretarse a las 891 hectáreas 43 aéreas de tierras del Risco que les fueron localizadas, y pertenecen a la familia Morales (no tenían nada que ver con Crescencio morales, y su partida de asesinos).

Era importante para los Hermanos Mena y un verdadero descanso emocional haber recibido el fallo de la comisión nacional agraria donde fallaban a su favor en contra de la afectación de un 10 % de sus terrenos así Hermilo Isaura y Loreto estarían solo concentrados con devolución de sus terrenos prestados temporalmente a San Juanico.

Para el día 14 de Junio de 1928 ya estaba entregada la carta al gobernador donde se le explicaba entre todas las demandas anteriormente ya mencionadas que la comisión mal agraria les había contestado el 16 de Mayo de 1928, que respecto a la invasión no tiñe nada que ver dicha comisión, sino los propios dueños.

Esto significaba que solo si los dueños de dichas tierras querían donarlas, lo podían hacer sin que esto fuera obligatorio, lo que no le pareció a los representantes del pueblo, y en especial a Crescencio Morales habituado a malas prácticas para hacerse de más terrenos de los cuales sacar partido y claro más ganancias.

Y de algunos testigos me entere.

--maldito riquillo
Dijo Crescencio Morales.
Deberás que lo odio, la única forma de quitarlo de en medio es darle palo, al fin que muerto el perro se acabo la rabia.
----no creas que es tan fácil
Dijo Amado Montiel.
--todavía tiene parientas sus hermanas y su esposa.
- viejas mitoteras, al primer plomazo se van a largar solitas ya verás amadito ya verás.

--no creas chencho acúrdate que don mena tiene sus conocidos en el gobierno.

-- me vale madres, yo quiero esas tierras también quiero ser hacendado

--- no tendrás hacienda pero tienes munchas tiritas o que no ¿

Que te digo que quiero mi hacienda, vamos a darle suelo, trata de ver que se están tramando los tarugos del comité particular en sus carajas juntitas así no lo escabechamos y de paso hasta les echamos la culpa a ellos.

-- vas a ver tu déjamelo a mí chenco.

El 14 de Junio de 1928 Hermilo se queda de ver con Cedillo en el Hotel Regís a la una de la tarde, mas nunca llega Cedillo, por lo que por medio de un mensaje pregunta Hermilo si se verían para visitar al gobernador y si se verían a las ocho de la mañana, en donde se vieron la vez anterior la salida de los coches a Toluca cosa que no se logro pues según las cartas Hermilo escribe el 25 de junio a Agustín Rivapalacio que ese jueves pasado no había podido ver al gobernador, su hermano, ya que según le había informado Cedillo el gobernador se comprometió con él, en darle feliz término a dichos problemas en esos mismos días, por lo que no había usado la tarjeta que el mismo Riva palacio entrego a Hermilo, y en la guardaría para mejor ocasión, mas se habla del tema de los honorarios muy abultados por parte de Rivapalacio por arreglar el monto por el pago de las contribuciones adeudadas por san José. El 3 de julio del 28 Hermilo escribe a Cedillo, pidiéndole se entreviste con el gobernador, ya que la tenia mayor confianza con el gobernador y el 26 del mismo le entregan una carta para que sea enseñada al gobernador y $ 20 pesos para gastos, al Sr. Cedillo.

'Aparta tu amistad de la persona que si te ve en riesgo, te abandona'. Samaniego.

Ese mes de Julio se llevaron a cabo las elecciones y Emilio Portes Gil protesta como presidente provisional por el asesinato de Obregón hasta el fin del periodo del Presidente Calles.

Antonio Riva Palacio era el Gobernador del estado y conocía a Hermilo muy bien aunque lo veía como un fuerte contendiente políticamente hablando por el apoyo que la gente manifestaba hacia a Don Hermilo aunque llevaban buena amistad, en algún momento se creyó que debido a estas diferencias podría haberse fraguado algún complot hacia Hermilo por parte de ellos, al menos por omisión.

El 17 de Julio de 1928 es asesinado en una comida que se le había preparado al ya electo candidato a la presidencia Don Álvaro Obregón a manos de un dibujante José de León Toral, que le hacia un retrato en la Bombilla de San Angelín, quien dijo' El que a hierro mata a hierro muere'?.

Es designado para asumir la presidencia provisionalmente Emilio Portes Gil, el 30 de Noviembre de 1928, quien tuvo que asumir la responsabilidad de la Guerra Cristera y los conflictos religiosos, así como a los escobaristas.

Y otra vez una franca casualidad ese mismo 17 de Julio de 1928 Hermilo recibe una extraña misiva del Sr. Agustín Rivapalacio en la que le comunica en un memorándum con su propio membrete a Hermilo; tengo la pena de manifestarle en contestación a su última carta que lo que le cobro por mis gestiones es solo por las cuestiones fiscales, y no el asunto de la tierra, que este asunto tenía ya 8 meses y nunca había cobrado nada hasta ese momento y el 25 del mismo, le reprocha el no haberle contestado además por esa razón ningún asunto estaba arreglado aun.

Esto fue con la intención de cobrar de una u otra manera, por un servicio que si bien no fue concluido por sus gestiones, ya estaba de alguna forma casi totalmente arreglado.

También recibe una carta de Antonio Martínez de la Cueva en la que le pide le mande los honorarios del Lic. José Cendejas que eran $30 pesos. Esto el 28 del mismo mes y otra tercera el 17 de Agosto del mismo año. El 2 de Agosto Rivapalacio le escribe a Hermilo diciéndole que las razones de Hermilo no le interesan solo su pago.

El 8 de Agosto de 1928 Hermilo le pide a Rivapalacio le perdone haber tratado de obtener mejores resultados en cuanto al precio de honorarios debido al haber trabajado algunos otros, pero que si no iba a ser posible le mandara el total de sus honorarios y le manda a cuenta $200 pesos mn.

El 17 de Agosto del 28, Rivapalacio le agradece a Hermilo el último pago hecho a él anteriormente y el préstamo hecho por Hermilo sin garantías y poniéndose una vez más a sus órdenes.

Con este documento se deslinda por completo su responsabilidad en una línea de investigación, al gobernador y su círculo, pero que hay de la omisión?

Capitulo XII

El complot y asesinato

Para estos días de septiembre algunos vecinos del pueblo empiezan a fraguar el asesinato de Hermilo, y digo algunos vecinos porque varios se coludieron debido a que no podían por ningún medio lograr quitar a los mena sus tierras por lo que las invasiones empican a ser más constantes y agresivas.

--chencho, se está organizando una junta donde el comité tiene pensado invitar al líder agrarista Román Badillo Bonilla para convencer y presionar a don Hermilo mena para que le done al pueblo 130 hectáreas que anteriormente cedió provisionalmente y que las escriture a nombre del pueblo.

---del pueblo? hora sí que estamos lucidos, este desgraciado nos debiera de dar las tierras a cada uno de los dirigentes y no al pueblo, pa que la quieren? si no saben ni trabajarlas chi..., no así no nos conviene, y pa cuando es esa juntita?

--no se no le han puesto fecha que yo sepa.

pos que no me apoyas tarugo o que

-como no chencho ya sabes que odio a ese desgraciado desde que le pego a mi muchacho.

-- pus entonces investiga y dame toda la información.

-- no te preocupes quieren que le escriba para ponernos de acuerdo ya verás que sí.

El 23 de Septiembre de 1928 Amado Montiel escribe a Hermilo dándole entender que según, ya lo habían comentado, necesitaban verse para hablar con el abogado Román Badillo, líder agrarista para así entrevistarse con Hermilo pero con mucha reserva de no ser vistos ¨ y que su mozo Trinidad Malde comió aquí o en la Villa, y es visible por los del pueblo que transitan y si usted tiene a bien que sea en México me dice la calle y a qué hora nos vemos, y si recibe una comunicación de los representantes del pueblo para la conferencia de usted el día de mañana la transfiere para el martes deseo me conteste con mi joven, que es de confianza ; su atento que lo aprecia Amado Montiel.

Otra misiva, rancho San José, Sr. Hermilo Mena saludo a Ud.: de nuestro pendiente, he animado a dos de los compañeros representantes a que vallamos a ver al abogado Badillo y haber si nos acompaña a una junta de los vecinos a que les haga saber nuestro proyecto si nos acepta venir podemos animar a los descontentos y llevarlos a la calle del seminario a que ahí les haga saber y nos sostenga lo dispuesto que tenemos nosotros y Ud. y hoy vamos a verlo, les prometí sus pasajes y el día que los presentemos, yo creo que les parecerá a Ud. mi determinado. Y yo avisare a ud con oportunidad s.s. que lo aprecia no pude contestar a ud espero me entienda ud. a 14 Octubre de 1928.

Cada día la tensión era mayor entre estos dos grupos que no llegaban a ningún arreglo por lo que las discusiones se tornaban cada vez mas acaloradas y crecía la enemistad entre ellos.

Días después recibe Hermilo de Amado Montiel, "Sr. Hermilo Mena muy estimado, aviso a ud que el día de ayer vino el Sr. Lic. Roman Badillo a conferenciar con el Sr. Arellano como a las 4 de la tarde, y que avisáramos a Ud. como a las 9 o 10 horas del día de hoy espere lo que le aviso a Ud., que nos veremos a esa hora en México, reitero a Ud. mi atención y aprecio".

El 13 de Octubre de 1928, Hermilo escribe a Dionisio Rivero, para pedirle que él como primer comisario del pueblo mande comparecer a un individuo, que se dedica a hacer bancos, uno de los hermanos Soto, pues se dedica a robar aguamiel, destroza la arboleda para hacer dichos bancos,

El Sr. Ochoa nuestra gente le reclamo su proceder a lo cual soto lo ataco con un machete por lo cual fue desarmado y entregada el arma, a la autoridad, a lo que soto amenazo con ir a su casa, y sacar una carabina para matarlo.

Se le manda una carta al c. procurador de pueblos del estado: el comité particular administrativo del pueblo de san Juan Ixhuatepec,

Tlalnepantla, Estado de México. Comparece y expone a esa H. Procuraduría:

I.- El c. Crescencio Morales de este pueblo tiene un capital de más de sesenta mil pesos, treinta y siete
Vacas, más de cien ovejas, treinta y seis acémilas.

II- Dicho debido a los antiguos comités, tiene sembrado tres hectáreas de maíz, diez hectáreas de cebada y frijol dentro de los ejidos, no obstante que tiene muchas tierras y es dueño de casi todas las tierras del pueblo.

III- Dicho señor se ha adjudicado es decir apropiado de terreno denominado el llano, que ha cercado con alambre, siendo este comunal desde tiempo inmemorial

IV- Se niega a pagar por el pasteo de sus animales en nuestro ejido.

Por lo tanto pedimos a Vd. ordene:

I- Que devuelvan las tierras ejidales Crescencio Morales, y que si quiere pastos que pague conforme a la ley.

II- Que previo estudio de local agraria de Toluca, nos devuelva el terreno comunal el llano.

III- Comunicar a los vecinos por conducto de este comité que dicho señor no tiene derecho a ejidos.

Ixhuatepec 27 de Octubre de 1928.

Firman el comité: presidente Luis García, secretario Amado Montiel, tesorero Librado Rivero.

Hermilo escribe a Don Cornelio Cedillo rogándole le informe, si ese día era la junta en Ixhuatepec, y a qué hora, pues le informaron que ayer no se pudo concretar, así como le pide el plano y las clausulas o bases del contrato para la escrituración con fecha 3 de Noviembre de 1928.

El 8 de Noviembre Hermilo le escribe de nuevo a Cornelio Cedillo diciéndole que no habiendo tenido contestación a su pasada carta le escribe de nuevo solicitando los planos y bases de la escrituración y si era posible verse en la comisión nacional agraria a las 9 horas de ese día pues le urgía hablar con él.

En una carta a Hermilo Mena el 15 de Noviembre de 1928 el comisario Martin Amaro, le pide a Hermilo, que sirva presentarse para remitir a Trinidad Maldonado ante ese juzgado a su cargo para practicar una diligencia urgente apercibida de lo que no haya lugar si no lo verifica, es decir para que ratifique su denuncia o si no lo dejaría en libertad.

El día 16 de Noviembre de 1928 Luis García escribe a Hermilo ¨: en vista de haber entrevistado al Lic. Badillo para avisarle de lo que Ud. nos contesto y nos dijo que preguntáramos a Ud. la hora que Ud. crea conveniente, para estar entendidos y al mismo tiempo avisarles a los vecinos para indicarles la hora, que se deberá verificar la junta. Atte. Presidente del comité p. administrativo Luis García.

Para el día 23 de Noviembre de 1928 se organizaría una junta en el pueblo de San Juan Ixhuatepec para concretar los pormenores de las bases para la escrituración de los terrenos, normalmente las juntas se hacían en casa de algún vecino.

Con fecha 19 de Noviembre de 1928, el Sr. Luis García, presidente del comité particular admito de San Juan Ixhuatepec mes, recibe esta misiva.
Muy estimado compañero:

Tiene conocimiento este Partido Nacional Agrarista de que ese comité, particular administrativo que dignamente preside Ud. de acuerdo con un pequeño grupo de sus amigos, pretende o más bien están en tratos para comprometer la porción de tierra que el dueño del rancho de San José dono para beneficio de los campesinos del mismo tenemos la creencia de que esto nos e llevara a efecto pero en caso de que por falta de conocimiento en usted, o por sugestión de tercera persona llegase usted a verificar esta operación en perjuicio de los intereses de la comunidad a la cual se oponen terminantemente,
Todos los campesinos le prevenimos que no obstante, que la operación en si carecerá de toda legalidad ya que usted por ningún concepto está capacitado para ello, este partido mal agrarista en defensa de los intereses comunes de todo el pueblo hará y recurara a todos los medios que estén a su alcance para nulificar la operación sin

perjuicio de exigirle a usted en todo caso la responsabilidad criminal en que incurre.

Protestamos a usted nuestra atenta consideración.

Tierra y justicia.
Leopoldo Reynoso Díaz
Secretario General

A causa de estos acontecimientos la situación estaba muy tensa, tanto para Hermilo, que sentía que el asunto se estaba saliendo de control, por una parte alguna facción desconocida por él, ya sea de las autoridades y terratenientes del pueblo de san Juanico, estaban complicando, o parando las negociaciones, para dejar pasar el tiempo, mientras podían fraguar un plan, para poder salirse con la suya.

Era claro entonces que en ese momento dicha facción orquestada por Crescencio Morales Dionisio Rivero y familia, Amado Montiel, quien fungía como doble agente que pasaba información de lo que sucedía en el comité presidido por Luis García que a la vez estaba organizando la junta y aseguraba el Lic. Badillo iría, su hermano Román García Librado Rivero y otros lo que les permitía tener información de lo que se acordaba y de esa manera fraguar un complot contra Hermilo Mena.

Hermilo por su parte estuvo tratando una cita en Palacio Nacional, con el Presidente Plutarco Elías Calles para pedir apoyo con sus problemas, por lo que por medio de alguien fue invitado a una ceremonia, donde sería posible que conociera al presidente, y posteriormente concertar una cita con él.

Hermilo comenta esto a al Lic. Zedillo, así como la fecha en que seria, pactada para el 23 de Noviembre en Palacio Nacional, cosa que sello una fecha específica y así abriendo una peligrosa oportunidad a la salida más fácil para quitar a alguien de en medio, de esta manera al enterarse de estos planes se agilizan las cosas para hacer la junta en San Juan Ixhuatepec.

Como se dijo anteriormente, la fecha de la junta del pueblo se propuso para el día viernes 23 de Noviembre de 1928, a las cinco de la tarde, pero esta vez no sería en la casa de un vecino, sino esta vez en la calle Francisco I. Madero en la escuela primaria del pueblo. cosa que era de por si extraña, en San José, Hermilo estaba preparado desde mucho tiempo antes ese mismo día conocería al presidente Plutarco Elías Calles por lo que desde las tres de la tarde debidamente vestidos y listos durante la comida luz comento a Hermilo su desconfianza hacia la junta, pues si no era necesaria la repartición de tierras, porque Hermilo se empeñaba en darlas a lo que le contestaba que las tierras en cuestión, eran lejanas pero muy buenas además serian donadas a toda la comunidad y por ellos tenía que dar la cara y asimismo explicarles que las tierras serian de ellos y no como se comentaba abiertamente en el pueblo debido a los comentarios insidiosos de los mismos que fraguaban su asesinato y a la falta de información verídica ya que se corría el rumor que dichas tierras serian una vez más repartidas solo por y para los ricos terratenientes del pueblo y además tan solo seria a lo mucho una hora por lo que para su cena baile a las ocho treinta de la noche ya todo estaría listo, y que ya no se preocupara.

Escucha el consejo para que seas sabio en la edad postrera.

Siendo las cuarto para las cinco de la tarde salió con su chofer rumbo al pueblo a la primaria donde fue invitado a la próxima develación del reloj del pueblo y donde también repartió algunos bolos a los chiquillos reunidos a su alrededor, bastante gente del pueblo que a primeras luces se veía desencajada y hostil hacia Hermilo por su falta de información en cuanto el asunto de la donación, por lo que desde que entro a el aula Hermilo procuro explicar en un tono más conciliatorio que la donación se llevaría al cabo que los metros de tierra serian los mismos a lo pactado pero serian en otra zona de lo que anteriormente se había manejado por los terratenientes, ya que ellos por error o malas intenciones habían escogido el lugar arbitrariamente y de manera insidiosa, que los cambios eran irreversibles, mas estaba en pie lo que estaba prometido en cuanto a metros de tierra y calidad de las tierras pero lo más importante era que al ser cedidas al pueblo no habría ningún beneficiado más que el pueblo mismo, cosa que Morales y Rivero sobre todo con su bando replicaron, que eso no era más que una forma de atar los terrenos que no podrían moverse de un dueño a otro sino para el pueblo, lo cual sería benéfico, (pero no para sus propios planes) arguyendo que no podían ser aceptadas esas razones incitando que Hermilo era un mentiroso, ladrón, desgraciado bandido, pero que no se iba a burlar de ellos al grado que algún presente partidario de Hermilo llamo al orden diciendo "cállense respeten al patrón no sean tan mecos", en eso se apagaron las luces y comenzaron unas detonaciones donde Hermilo fue herido en cuatro diferentes partes del cuerpo, en el vientre y tórax en el brazo y antebrazo izquierdo así como muchos golpes debido al conato y empellones de gente que ni siquiera sabía el por qué de su agresión a él.

Al restablecerse el orden la confusión y el miedo se apoderaron de los ahí presentes que vieron salir corriendo a Dionisio Ribero con una pistola en la mano, sin dirección hacia su fuga, mientras golpeado y herido de muerte Hermilo, yacía semiinconsciente.

No tardaron algunos minutos antes que Hermilo Mena muriera pidiéndole a Lolo su chofer, que dijera a Lucha que la amaba más que nunca, y que siempre estaría con ella y con sus amados hijos que no se preocuparan, algunos de los campesinos y vecinos del pueblo que conocían y querían a Hermilo no daban crédito de saber que su benefactor estaba muerto hasta que las autoridades en compañía de Lolo su chofer llamado Dolores García, escoltaron a Hermilo ya muerto tendido en el asiento trasero de su automóvil.

La vida es una carrera cuyo término es la tumba.

Cinturón baleado de Hermilo

Ma. de la Luz al ver que el carro se acercaba a lo lejos, pidió nerviosa sus guantes y su bolso pues era evidentemente muy tarde para su reunión en Palacio Nacional, al que ya nunca llegarían, al asomarse por el corredor hacia abajo estaban subiendo por las escaleras el cuerpo maltrecho de un inmóvil Hermilo sin vida, al poco tiempo llego la hermana mayor de Hermilo, asurara que apenas se había enterado del cruel asesinato de su hermano, que fue puesto sobre su cama donde su esposa lo limpio y espero al médico para obtener un certificado médico de defunción donde después de unos momentos fue amortajado por ella misma y su cuñada Isaura, comenzado a ser velado sobre la mesa de billar, la hermosa mesa de billar, esa mesa en la cual tantas veces jugó con sus amigos por largas horas en una habitación de San José que tenia la vista total del jardín de la casa, al morir Hermilo dejo a su recién llegado hijo Ignacio el cual apenas tendría unos meses viviendo ya en san José después de quince años viviendo en un internado a Adela que tenía ya trece años de edad y los cuates Fernando e Isabel de dos años de edad. Ignacio por su parte fue un mudo testigo de tan triste acontecimiento, posteriormente fue regresado a su internado.

Años después describiría la muerte de su padre en una carta escrita a mi madre donde relataría tales acontecimientos:

"Se acercaba el fin del año escolar y con ello la preparación del los exámenes finales, y exposición de trabajos manuales, atareados y preocupados por salir airosos y disfrutar de las vacaciones en la hacienda de papa, mas al saber la cruel noticia todo se trasformo en la mas horrenda tristeza mi padre asesinado a mansalva y traición".

"tirado en su lecho inerte, viéndole limpiar la sangre de su cuerpo no resistí y caí desmayado en brazos de mi tía Isaura donde me beso llorando".

Entierro de Don Hermilo Mena

Al otro día en la mañana, mucha gente se reunió en San José para rendirle el pésame a la viuda y a sus hijos, reuniéndose en el patio de la hacienda al pie de las escaleras eran cerca de sesenta personas, poco tiempo después salió Ma de la Luz la viuda a dar las gracias pero les pidió que hicieran el favor de retirarse pues era probable que entre la multitud estuviera el asesino de su esposo, por lo que poco a poco se fue retirando la gente mientras en la casa grande, se preparaba el cuerpo de Hermilo para ser sepultado, en el panteón del Tepeyac donde la familia tenía una cripta, viendo hacia San José donde fue enterrado.

Desplegado del Excélsior nachito en la foto
(Archivo Historico del Excelsior)

Capitulo XIII

Noticia en Ocho Columnas

Debido a que Don Hermilo Mena Higueras fuera ampliamente conocido por su intachable vida y su constante obra benéfica y altruista, la noticia de su artero asesinato se publico en varios periódicos de circulación nacional.

Obituario del periódico
(Imágenes proporcionadas por La Fototeca, Hemeroteca
y Biblioteca Mario Vázquez Raña / ORGANIZACIÓN
EDITORIAL MEXICANA S.A. de C.V.)

Numerosos diarios cubrieron la fatal noticia, nombre de los diarios y la fecha en donde salió la noticia.

El Desplegado del Crimen
(Agencia de Noticias del Universal)

El sábado 24 de Noviembre de 1928 en el Universal en primera plana decía; muerte de un hacendado por agraristas en San Juanico. ayer a las cinco de la tarde fue asesinado en San Juanico el señor Hermilo Mena propietario de las Haciendas Santa Cruz y San José por un grupo de agraristas que permutarían terrenos ya antes cedidos, en una junta y donde dispararían contra del hiriéndolo en el vientre, tórax, brazo y antebrazo izquierdo. El comisario de Villa de Guadalupe donde era conocido y admirado el occiso, se traslado a recoger el cuerpo y mantiene a dos detenidos inculpados en los hechos Dionisio y Heriberto Rivero quienes niegan los cargos.

La Noticia
(Imágenes proporcionadas por la Fototeca, Hemeroteca
y Biblioteca Mario Vázquez Raña / ORGANIZACIÓN
EDITORIAL MEXICANA S.A. de C.V.)

Ese mismo día 24 murió a las once de la mañana el Gobernador de la ciudad de México en funciones apenas hacia tres meses Don Carlos M. Ezquerro.

En un documento signado por el secretario Gral. Del ayuntamiento, con copia para el juez del estado civil y para sus efectos es dado un permiso a los Sres. Alcázar hermanos. el 25 de Noviembre de 1928 asunto: que se concede permiso para internar el cadáver del ciudadano Hermilo mena procedente de su hacienda en el estado de México para su inhumación al panteón de Guadalupe el c. presidente municipal ha tenido a bien a acordar de conformidad previo pago derecho de internación de $10.00 pesos

El Domingo 25 de Noviembre de 1928 en el Excélsior solamente abajo del encabezado decía; rico hacendado muerto por agraristas en Tlalnepantla.

Hermilo Mena sacrificado en su hogar, repartió tierras que no satisficieron a los beneficiados.

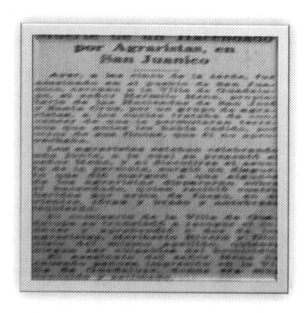

El sol de la tarde
(Imágenes proporcionadas por la Fototeca, Hemeroteca
y Biblioteca Mario Vázquez Raña / ORGANIZACIÓN
EDITORIAL MEXICANA S.A. de C.V.)

Son aprendidos dos responsables, reina gran consternación en el lugar de los hechos. Anteayer por la noche se registro en la cercana población de Tlalnepantla perteneciente al estado de México un sangriento drama, en que resulto victima el rico hacendado Sr. Don Hermilo Mena dueño del rancho de Santa Cruz y sus anexos, quien murió a manos de un grupo de enfurecidos agraristas a los que citara en sus propiedades para tratar de ciertas dificultades que tenían de antemano con la posesión de unas tierras.

Cuando el vecindario de San Juanico pueblo al cual pertenecen los autores de nefasto crimen creían que estas dificultades se arreglarían entre

Don Hermilo y los ejidatarios a quienes dotara voluntariamente de sus parcelas, los ánimos se exaltaron durante la conferencia e inopinadamente estos últimos se echaron sobre el terrateniente y lo agredieron a tiros y garrotazos dejándolo moribundo ahí mismo en su finca.

El cadáver del Sr. Mena lo recogieron las autoridades municipales (sigue pág. 8 7a columna) rico hacendado...de Tlalnepantla que previendo mayores desordenes con motivo del trágico acontecimiento, solicitaron ayuda de la policía.

Siendo muy conocido el Sr. Mena en Tlalnepantla su muerte ha causado general expectación encontrándole cuatro heridas de fuego y numerosos golpes contusos en su cuerpo teniendo a los Rivero padre e hijo consignados a las autoridades en Tlalnepantla complicando en el asesinato a Mariano Avila y Eulalio Jara.

Segunda Sección
(Archivo Historico del Excelsior)

El domingo 25 de Noviembre de 1928 el Universal dice; el hacendado Mena cayó en una celada en primera plana como ocurrió el tremendo crimen en que fue víctima.

Cuando el hacendado llego, sin presumir lo que le esperaba, adonde había una junta de campesinos fue agredido.

Dos líderes habían hecho correr versiones sobre sus propósitos de la muerte del Sr. Mena; señalados como autores del crimen.

Ampliamos la información de ayer sobre el crimen realizado ayer en San Juanico, donde fue víctima el rico hacendado Don Hermilo Mena, unos de nuestros reporteros se traslado en busca de detalles, el Sr. José Mena primo de la victima quejándose de que las autoridades habían levantando una acta en forma irregular, ya que tienen especial interés en que el homicidio no sea investigado, hace algún tiempo el Sr. Mena fue requerido por las autoridades agrarias para pedir dotación de tierras la cual no prospero por ser consideradas pequeñas propiedades mas el Sr. Mena lejos de sostener su criterio insistió en donar ciertas tierras a campesinos por lo que Dionisio Rivero se molesto pues a él no se le escriturarían dichas tierras, teniendo estos problemas frecuentemente. Teniendo una permuta como fin se concertó una junta en la escuela municipal en la calle Francisco I. Madero del mismo pueblo. el Sr. Mena confiado pues no temía la celada que le habían preparado Dionisio y Heriberto Rivero violentando a los vecinos de que no serian repartidas las tierras y recomendando el asesinato, el momento culminante el Sr. Mena llego a caballo al pablo cerca de las siete de la noche se apeo frente a la escuela y al entrar fue recibido hostilmente por lo que pretendió explicar a los vecinos que no iba sino en plan de arreglar amistosamente la permuta, los vecinos lejos de oír los razonamientos del hacendado le gritaron mueras y después de injuriarlo se le echaron encima a palos y pedradas surgiendo un tumulto del que se aprovecharon Dionisio Rivero y su hijo sacando sus pistolas y dar muerte a balazos al Sr. Mena dejándolo en un charco de sangre. Siendo levantado el cadáver por las autoridades para evitar más excesos. Ayer fueron capturados con relación a este atentado Eulalio Jara y Mariano Avila. Quienes están ya en la cárcel municipal.

Ese mismo Domingo 25 de Noviembre del 28, en la pág. 14 de la prensa dice; agraristas matan a un hacendado, se acusa al líder Román Badillo de haberlos excitado tiroteo a obscuras, cuando se efectuaba una junta se apago la luz y se escucharon detonaciones en tinieblas. antier en el pueblo de San Juanico a las 17 horas en la escuela oficial del pueblo en una reunión de carácter agrarista fue asesinado el conocido hacendado Hermilo Mena por un grupo de los ahí reunidos ayer fue al pueblo de San Juan Ixhuatepec un licenciado de nombre Román Badillo líder agrarista y seguramente exalto los ánimos de los agraristas, apagándose las velas y alguien asegura Heriberto Rivero saco algo que relumbraba y después de los tiros ignorándose su paradero no es cierto el informe de los detenidos como se decía en periódicos de la mañana, también se responsabiliza a los hermanos Luis y Román García pues ellos vieron y saben con certeza quien disparo contra el Sr. Mena deteniéndolos y también a Dionisio Rivero. El occiso presentaba dos diferentes calibres 32 y 38 corto, según dictamen del médico.

De los detenidos el día de los hechos y encarcelados en la Villa de Guadalupe Mariano Avila e Hilario Jara no tienen al parecer ninguna culpa e implicación en el homicidio pues ellos trabajaban en la carretera de Pachuca.

El lunes 26 de Noviembre de 1928 en el Universal en la página 6 de la primera sección en sociales sale una esquela invitando al entierro en el panteón municipal de la Villa de Guadalupe a las doce horas. En ese mismo periódico sobresale el tercer aniversario de la Cia Hulera el Popo s.a. también se da a conocer que generalmente es conocido por todos que el Zar Nicolás II es asesinado la noche del 17 al 18 de Julio de 1918 los Bolcheviques en Ekaterimburgo en unión de toda su familia mas no es conocido que Trotzky y Zinovieff fueron los autores materiales llevando la cabeza del soberano a Moscú.

El Lunes 26 de Noviembre de 1928 el diario informativo del medio día El sol '' a lo largo de su portada dice refriega en San Juanico los vecinos de San Juanico dan otra nota roja por rencillas.

Hace tres días los agraristas de San Juanico dieron muerte al Sr. Hermilo Mena propietario del rancho San José. algunos interesados en esos desordenes han continuado su labor soliviantando los ánimos entre los unos y otros y ayer logro que nuevamente los del barrio alto fueron a molestar a los del bajo de dicho pueblo, como a las tres y media de la tarde de ayer un grupo de hombres armados se presentaron en el barrio bajo de dicho pueblo, y en actitud resuelta comenzaron a injuriar a varios vecinos y que iban a posesionarse de sus tierras de grado o por fuerza José Refugio Gutiérrez contesto a los del barrio alto que iban mandados por Cedillo que no permitirían la intromisión de sus tierras y que también estaban armados por lo que los de Cedillo abrieron fuego a los del barrio bajo que también contestaron habiendo más de 50 tiros sembrando el pánico hasta que un destacamento llego a poner orden, entre los muertos se encontraba Pedro Cedillo lesionados fueron recogidos Antonio Castillo, Luis Olmedo, Cástulo Farfán, Ignacio Ramos, Marcelino Briones, J.Ma Cisneros, y Jose Refugio Gutiérrez de estos todos del barrio alto excepto por Olmedo y Ramos de barrio bajo.

Las autoridades de Tlalnepantla en vista de estos hechos y el asesinato del Sr. Mena han ordenado se captura del líder agrarista Badillo Bonilla quien se cree responsable de dichos ilícitos,

Por su parte la viuda de Mena pide garantías de su persona y bienes pues se le amenazo de matarla si no cede dichos terrenos.

El Martes 27 de Noviembre de 1928 en el Universal en la segunda sección pagina 8 dice choque armado entre dos partidos antagónicos: un muerto varios heridos.

El motivo del zafarrancho fue un viejo pleito ejidal.
(Imágenes proporcionadas por La Fototeca, Hemeroteca y Biblioteca Mario Vázquez Raña / ORGANIZACIÓN EDITORIAL MEXICANA S.A. de C.V.)

Antes de tener noticias de dicho acto estuvieron en la redacción Luis García, Román García, Armando Montiel, Isidro González, Dolores García, Luis García 2do y Ventura Medina y nos proporcionaron la siguiente versión del crimen en que perdió la vida hace tres días el hacendado Mena, benefactor del pueblo de San Juanico. Fueron los ricos caciques del pueblo dijeron, los que asesinaron al Sr. Mena y el plan trazado por ellos, abarcaba la muerte de nuestro abogado patrono al Sr. Román Badillo, que por asuntos particulares no asistió a la trágica junta. Los lideres Crescencio Morales, Dionisio y Heriberto Rivero y otros parientes de estos últimos, fueron los responsables del crimen. dichos hombres entre ellos principalmente morales dueño de los ejidos del pueblo trataban de exigir al Sr. Mena que escriturara a su nombre, las tierras que había cedido, pero los vecinos pobres del pueblo comunicamos nuestro disgusto al Sr. Mena y entonces este, ofreció que dichos bienes serian comunales, los mismos vecinos de San Juanico, que aseguraron traer la representación de todos los ejidatarios del lugar, nos manifestaron que ellos son los primeros en deplorar el hecho, pues eran los favorecidos directamente por el hacendado, a quien consideraban como a un benefactor. Todo el pueblo, se percato que Heriberto Ribero fue el que disparo los cuatro tiros al hacinado cuando este estaba sentando y ajeno a la agresión y nos causa hondo disgusto e indignación profunda, ver a los responsables de este horroroso crimen en completa libertad, vanagloriándose de que están protegidos por el presidente municipal de Tlalnepantla.

Dejando una sangrienta reyerta entre vecinos del barrio alto y el bajo de dicho pueblo.

El Domingo 26 de Marzo de 1933 en el Universal en primera plana dice: un crimen casi olvidado.

Hasta ayer se logro la captura de el responsable es apresado Heriberto Rivero después de cinco años un crimen que parecía olvidado vuelve a tener actualidad gracias que se logro ayer no sin vencer grandes dificultades y contrariando influencias de autoridades locales la aprensión del criminal llamado Heriberto Rivero asesino de Hermilo Mena. el mayor José Viera Fernández jefe de comisiones de seguridad recibe instancia para investigar como comandante de agentes J. Guadalupe Corona y el comandante ayudante Javier Ojeda, dan las disposiciones por lo que fueron comisionados los agentes Pedro Alba González, Eusebio izquierdo, y Arturo Ortiz Zúñiga los que encontraron que desde 1924 el Sr. Mena hombre de buenos sentimientos, y honorable a carta cabal tenía problemas de tierras con los vecinos de San Juanico, Crescencio Morales cacique del pueblo hostilizo a Mena de diversas maneras aunque solía invitarlo a diferentes fiestas cívico religiosas, del pueblo como la bendición del reloj publico en el que fue padrino del acto inaugurándolo el Sr. Mena.

Tras problemas por las tierras no cedidas más que al pueblo en general por medio de una junta planeada con antelación por los bandos que de un lado era Crescencio Morales y el otro Luis García González.

El periodico seguía informando
(Archivo Historico del Excelsior)

Capítulo XIV

Del triste duelo a la acción directa

El asesinato de Hermilo fue un dolor muy profundo para Luz y sus hijos que pasaría a ellos de ahora en adelante, estarían más solos que nunca, y sin protección de la figura paterna, el pequeño Ignacio que por alguna razón, parecida a seguir manteniendo las apariencias con la familia de Lucha, se mantuvo, si no en secreto, si se mantuvo la versión de que era hijo de Hermilo con una novia que habría muerto tiempo atrás .pero muy aparte de todo esto es que el niño solo tenía pocos meses en casa después de venir del internado no se había acoplado con su familia y a decir verdad tampoco su familia estaba habituada a él, Adela que tenia trece años era muy cercana a su padre, era podría decirse la que más había convivido con Hermilo, era su consentida y sufrió mucho la pérdida de su padre, por otra parte los cuates Isabel y Fernando que tan solo tenían dos años cumplidos no se dieron cuenta de lo que estaba sucediendo por lo que tuvieron que superarlo con los años a medida que fueron aprendiendo lo que era vivir sin padre.

En un documento fechado el día 8 de Diciembre de 1929 a Ma de la Luz Rul dice; el Lunes 10 cumplí, y fui a traer al chofer que trajo el representante el día 23 y se presento a declarar del asesinato,

El martes 11 lleve a Dolores García quien declaro en el juzgado de primera instancia que él fue quien afianzo a Heriberto Rivero, que mato al Sr. Mena, afianzándolo para desarmarlo, pero que se agruparon: Dionisio Martin Vicente, Manuel Rivero, defendiendo al expresado Heriberto propinándole a Dolores Garcia puntapiés y manazos y en tal forma protegieron la fuga del asesino todo esto consta declarado en el juzgado. Y mandando copia de acusación a Crescencio Morales en tres partes, comisión agraria procurador de pueblos del estado, y aprovechamiento de ejidos.

El 13 de Diciembre de 1928, manda recado Lucha a Sr. Montiel para asegurarse que van, los que puedan declarar el asesinato,

El 17 de Diciembre de 1928, a Ma de la Luz le comunican que ya que han reglamentado, y pueden hacer los cobros de contribuciones que tienen pendientes en la oficina de rentas por el ejido con que fueron dotados por lo que ya no hay un inconveniente en que los vecinos de dicho pueblo de acuerdo a las instrucciones que lleva el Sr. Gumersindo Ávila, tesorero provisional del propio ejido, dispongan de la cosecha que les fue embargada de la parte se encuentra en terrenos de San José. Francisco Arteaga.

El 6 de Enero de 1929 Amado Montiel escribe a Luz, fui a México ayer el Lic. Román Badillo vive en 2a calle Regina no 56. con respecto a la audiencia si es de Luis y Román García, y Santos Moreno, han estado sufriendo sin deber nada, porque estaban a favor del finado Sr. Mena, si fueron a citarlo con urgencia a la junta era por el Lic. Badillo que ya habían quedado de verse ese 23 para el arreglo que se iba a hacer, sin saber la mala intención de esos desgraciados los que le mencione en la lista, esos la deben porque hay gente que los identifica.

El 18 de Enero del 29 al ciudadano comandante de policía le escribe Luz diciendo, teniendo conocimiento de las ordenes que tiene Ud. para darme garantías en el asesinato consumado de mi esposo hago de su conocimiento que el asesino de mi esposo Heriberto Rivero frecuenta muy a menudo la casa comercial de Pablo Rojas esposo de Sofía Morales prima hermana del aludido asesino.

En esos meses se le mandaron animales que se encontraban pastando y haciendo daños en sembradíos al comisario Librado Rivero, comisario del pueblo pero también fueron remitidos amonestados y dejados en libertad Rafael Rivero María Hernández y Agustín Morales a Tomas Huidrobo el día 27 de Marzo este ultimo decía que pertenecía a la "unión y" sin explicar mas además Juan Rivero Paula Juárez, y María Jiménez también Daniel barrón este familiar de la casa donde fue asesinado Hermilo hacia meses.

El 28 de Enero de 1929 ante Notario público Jesús Basurto guerrero se extiende documento donde representantes de san Juanico regresaban las tierras a las hermanas Loreto e Isauro Mena Higuera así como a María de la Luz Rul Vda. de Mena por parte del pueblo Luis García como presidente y Amado Montiel secretario y representante Humberto Gil Librado Moreno Dolores García y los ciudadanos Sotero Moreno Celso Rivero Rafael Rivas Crescencio Morales y Amado Montiel entre otros el regreso de estas tierras que por cinco años fueran las causantes de muchos problemas entre los malos vecinos de San Juan Ixhuatepec y los Mena por fin estaba juzgado y seria regresado a sus verdaderos dueños con alto costo de la vida del patriarca de la familia Mena.

El 29 de Enero de 1929 Sra. Ma de la Luz vda Mena aviso a ud que el día de ayer el pendiente que nos quedamos ya está arreglado, salimos a la tres y media, en seguida salió Luis Román García y Santos Moreno, y de los contrarios salieron José y Manuel, Vicente Rivero y Crescencio, Escalante y se quedaron presos Dionisio y Fernando Martin Rivero y Martin Amaro, esos individuos, con la alta amistad y apoyo que tiene Ud., hay que proceder., y ese Crescencio Morales como se sabe que "los armo" con armas de fuego y lo de las escrituras de este, "que no se burlen" Amado Montiel.

El 20 de Febrero de 1929 escribe Ma de la Luz al Lic. Román Badillo para comunicarle se translade al juzgado de 1era instancia de Tlalnepantla pues ya se abrieron las pruebas del juicio desde hace días por lo que la presencia de licenciado era importantísima. Para el trámite probatorio.

El cinco de Marzo de 1929 se detiene a José Amaro y Librado Rivero. Comisario ejidal lo hace de su conocimiento.

El Sábado 16 de Marzo de 1929 escribe una carta Ma de la Luz Rul al Presidente Emilio Portes Gil y el lunes la manda a Palacio Nacional.

Señor de todo mi respeto, me veo en la necesidad de dirigir a usted mis suplicas, rogándole me atienda y tome en consideración la difícil situación en que nos encontramos mis pequeñitos hijos mis empleados y yo por los hechos siguientes ...

Hace tres meses fue violentamente asesinado mi infortunado esposo señor Hermilo Mena, en el pueblo de San Juan Ixhuatepec

Tlalnepantla Estado de México, propietario del rancho de San José, el pueblo expresado cito a mi esposo a una junta la tarde del 23 de Noviembre de 1928, para tratar un asunto relacionado con la donación que mi esposo pretendía hacer a dicho pueblo de unas hectáreas no obstante que el Sr. presidente de la republica, y la h. comisión agraria y el superior gobierno del estado de México en nada afectaron esta propiedad por considerarla pequeña propiedad, en la junta mi esposo es robado, insultado soezmente y al final asesinado de la manera más vil por un grupo de vecinos de ese pueblo.

El rico terrateniente y cacique del pueblo Crescencio Morales se dirigió a usted para sorprenderlo pidiendo garantías y acusándome de estarlo molestando con falsos agentes pretendiendo despojarlo de sus cuantiosos bienes cosa inexacta y calumnia infame.

Yo Sr. Presidente le ruego e imploro por su poder así ayuda para estos cuatro niñitos inocentes que tienen la incalculable desgracia de haberse quedado sin padre,... de esta infeliz mujer que no tiene amparo y si tiene la obligación natural y moral de administrar y cuidar personalmente de esta pequeña propiedad producto del trabajo honrado y continuo de toda la vida de mi esposo, único patrimonio con que contamos mis hijos y yo para subsistir, es penosa nuestra situación, tanto más cuanto que el cacique Crescencio Morales con reducido grupo de vecinos pretende nuevamente por medios violentos despojar a mis hijos de su propiedad.

Me dirijo a usted Sr. presidente, exponiéndole mi justa queja esperando y confiando en el recto criterio de usted para que se me impartan las garantías que imploro.
Respetuosamente Ma de la Luz Rul.

El 18 de Marzo de 1929 a las cinco de la tarde se sorprende extrayendo tierra para macetas y con un costal de fruta de pirú y se le dejo marchar y se le decomiso los productos ante el testigo Ladislao Covarrubias.
También fueron sorprendidos Rafael Rivero y María Hernández Nicolás Rivero, y Jacinto Ribero, Juan Rivero Paula Juárez y María Jiménez, robando leña y fueron remitidos y liberados. Rancho de San José 19 de Marzo de 1929.

El día lunes 25 de Marzo de 1929 el señor Antonio Alemán, secretario particular del Presidente Portes Gil, leía un puñado de cartas que llegan por cientos a la oficina de presidencia, en un caso inusual la primera dama esperaba para salir con su marido a una recepción, en cierto momento el Sr. Alemán deja las cartas en un escritorio por lo que la primera dama Doña Carmen G. de Portes Gil, lee de reojo las cartas donde le llama la atención una en especial, de una mujer en el estado de México que le imploraba al señor presidente la ayudaran pues habían asesinado a su esposo que la dejo con cuatro hijos y además pretenden despojarla de sus tierras, por lo que de inmediato toma la carta y se la lleva para hablar del asunto con su marido por lo que instruye al secretario particular Alemán conteste la carta cuanto antes y ordena poner al gobernador en enterado, cosa que en si es casi milagrosa.

De una misiva de mi abuela extraigo.

Sr. Notario Jesús Basurto Guerrero, estimado compadre, ruego a Ud. me haga favor de sacarme inmediatamente, copia certificada de las escrituras por los vecinos del pueblo relativo al devolución de las tierras y presentarlas al ministro de agricultura al cual escribe el 23 de Mayo para pedir le devuelvan escritura de protocolización de acta de entrega, copias extensiones de ranchos y planos de San José.

El 25 de Marzo se sorprende a Daniel Barrón destruyendo un portillo hecho por los vecinos en los límites del rancho San José es remitido al comisario y hay que hacer notar que en casa de este sujeto se organizo la junta de aquel día fatal del asesinato de Hermilo.

Marzo 27 1929. Recibe Lic. Román Badillo $ 400.00 pesos por sus servicios a Luz e Isaura Mena

Capitulo XV

Y … sin Hermilo como?

María de la Luz más sola que nunca pues debido a problemas añejos con su familia, su hermana Maria Teresa que era la menor de los Rul y Palma siempre con puntos de vista diferentes y caracteres en conflicto, creo yo natural entre algunos hermanos y tuvo diferencias con Lucha, ambas de una familia muy añeja eran orgullosas. Y siempre le reprochaba el haberse casado con un hacendado que no tenía abolengo.

Doña María Teresa Rul de Céspedes

En efecto, siempre le reprochria haberse casado con un hacendado sin suficiente anejo abolengo y etiqueta, cosa que era un poco inexacta, pues el ya era un hacendado independiente y ella a sus escasos años no lo comprendía, después se caso con un hombre de buena posición social, con Ingenios Haciendas y otros negocios, el tiempo diría quien tendría la razón.

Por su parte Hermilo, era dueño de ocho cientos hectáreas productivas, se comentaba que San José se hizo en los terrenos de Hermilo con pesos plata de María de la Luz, Rul su esposa, no se sabe en realidad que paso, sin embargo, lo único real es que fueron siempre una pareja muy solida, no obstante el carácter tan diferente que cada quien tenía, Luz era una mujer dominante inteligente, visceral caprichosa y muy resuelta, por su parte Hermilo era honrado noble integro, confiado, hasta podría decirse inocente, tenía mucho don de gente valeroso y claro muy inteligente.

Esta relación se fue consolidando con las ideas de Hermilo el apoyo incondicional de Luz, su empuje y temperamento.

Los Rul eran descendientes directos de los Condes de Casa Rul y Condes de la Valenciana minas importantísimas productoras de plata desde época virreinal herederos de los dueños en algún tiempo de la Ex hacienda de Tlalpan y la de San Cristóbal entre otras, por lo que no era el papel de una condesita estar con su esposo haciendo un rancho agrícola y labrando tierras como una simple campesina, habiendo tantos caballeros de abolengo y una carrera con futuro prometedor también se empezaba a rumorar entre los familiares la versión acerca del embarazo y posterior abandono de su hijo, que sería siempre motivo de reproches aumentando así, resentimientos hasta la fecha de sus muertes. María de la Luz era muy orgullosa nunca olvidaba nada, todo esto aunado a un carácter iracundo que toda la vida le daría problemas, pero que también la ayudaría a tener entereza para sacar adelante a sus hijos, María de la Luz no pudo más que, refugiarse en los deberes de cada día echando a adelante la hacienda tanto en el campo como en su documentación sorteando problemas de cobros excesivos en prediales así como la lenta sucesión testamentaria de su esposo así como problemas con sus cuñadas que también harían perder paulatinamente la relación entre ellas al grado de demandarlas por despojo y casi hacerlas apresar por problemas contables de las propiedades.

En los archivos aparecen memorandos de los diferentes escritos de Hermilo y Luz encontrados en sus archivos y nominándolos y acomodándolos cronológicamente para así hacer casi un diario de los eventos importantes si acaso legales más que sentimentales, pero no por eso perdiéndolos del todo ya que esa parte, fue estudiada conforme los diferentes testigos casi en su totalidad presenciales, por lo que la parte afectiva fue de alguna forma la más fácil de comprender, en este ensayo de documental.

También aclarare que algunos escritos se transcriben con sus propias faltas de ortografía, y algunas de mi cosecha, cosa que de antemano me aterra y apena.

Así que aclarando lo anterior seguimos escarbando en documentos algunos sin importancia aparente pero que van dándonos un panorama de cómo se estaban llevando a cabo los acontecimientos aquí narrados.

También ese mismo 27 de Marzo del 29 se detiene a Tomas Huidrobo robando agua miel, y que por pertenecer a la unión tenía permiso de invadir cualquier terreno, sin explicar mas.

El día 28 de Marzo comunican a María de la Luz el 2do comisario Genaro Moreno, (no está de más aclarar que no el locutor). Que el sujeto que se había detenido y remitido a ese juzgado fue encerrado en la cárcel de ese mismo lugar y cuando el jefe de armas llego ya no se encontraba dicho individuo.

El martes 2 de Abril de 1929 una correspondencia de la presidencia de la republica del secretario particular del presidente dice:
Señora Ma de la Luz Rul Vda. de Mena.,
Señora.
Contesto la carta que envió usted al Sr. Presidente de la Republica fechada el 16 de Marzo último, para informarle que, por su acuerdo, fue turnada al Sr. Gobernador del Estado de México, con el fin de que este funcionario resuelva lo que proceda respecto a la protección que solicita a fin que no se le despoje, como afirma, de los bienes que le dejo su esposo.

Sin otro particular, quedo de usted atento y seguro servidor.
Antonio Aleman: secretario particular del C. Presidente de la Republica.

El 4 de Abril de 1929 se remite a José Amaro que robaba nopales frutas de pirú y leña en San José, y al preguntarle manifestó que Crescencio Morales los facultaba a robar en dicho lugar y disponer de los productos, por lo que este les pide dinero y también este mismo les pide dinero por los trámites para liberar a su hijo por la muerte del Sr. Mena, al grado de quitarles escrituras de terrenos como garantía.

El 6 de Abril de 1929 María de la Luz escribe al presidente municipal de Tlalnepantla Daniel Fuentes.: Sra. Mena participa a Ud. que el día de ayer se sorprendió robando a José Amaro y fue consignado, y como la confesión de dicho individuo, aparecen ciertas responsabilidades de el asesinato de mi marido y aclaración en la responsabilidad en la misma suplico minucioso examen a efecto de definir su responsabilidad.

Ese mismo día se detienen de daño 159 cabezas de ganado cabrío de Crescencio Morales y son remitidas a la comisaria causando daños por .50 cts. Por cabeza.

En un recado a Ma de la Luz el 9 de Abril de 1929, Montiel le dice; "según me dijeron, no sé si cierto que Heriberto Rivero se encuentra en el pueblo de Tequizquiac adelante de Tepexpa, en la casa de un Sr. Antonio Velázquez que estuvo de administrador del Risco".

Lucha tenía una preocupación siempre latente, la seguridad de sus hijos y bienes; si bien a raíz del asesinato de Hermilo, que, aunque nunca alcanzo conocer personalmente al presidente Plutarco Elías Calles, pues fue asesinado pocas horas antes de lograrlo, además otro hacho circunstancial es que a los pocos días del asesinato de Hermilo, llego el cambio presidencial entrando el presidente Emilio Portes Gil y fue conocido. El atroz crimen, María de la Luz a su vez fue indirectamente ayudada por la noticia, que fue muy sonada, y logro la atención del presidente.

Corrido de Hermilo Mena

En los años siguientes se escuchaba en las cantinas y pulquerías del pueblo un corrido que versaba;

Fue Noviembre del 28
Acordarme me da pena
Mataron a un hacendado
Era Don Hermilo Mena

Que iba a entregar para el pueblo
100 hectáreas de terrenos

Cosa que no le cuadro
A Morales y a Rivero
Miembros de la junta agraria
Ya lo tenían bien planeado
      Lo tendremos que matar
Pero que firme primero

Así marcaron la fecha
Y en la escuela fue el lugar
Como ya estaba pardeando
A nadie habrían de culpar
Morales comenzó injuriando
Y Rivero a balacear

Cayo don Hermilo herido
      Se lo llevo su chofer
Ya no lo verían más vivo
Sus hijos ni su mujer
Rivera fue encarcelado
Y de morales nada se
Más vale que no regrese
Pues lo van a aprender, o se lo
      Van a joder.

Escribe Ma de la Luz el día 13 de Abril del 29 a Roberto Martínez, a la Hacienda del Risco recomendándole venir a San José a una junta con el secretario de agricultura y fomento con su personal, a tratar asuntos de los ejidos y a comer por lo que se suplica su presencia.

Esto a la vez daría oportunidad de investigar si el tal Antonio Velázquez había trabajado ahí y si en verdad localizaría al asesino de Hermilo, Heriberto Rivero.

Ese mismo 13 de Abril del 29 escribe Luz a el comisario de policía Librado Rivero que tiene conocimiento de fuente fidedigna que el detenido José Amaro no ha sido remitido desde su consignación el día 4 del corriente pues el Presidente Municipal no lo ha recibido por lo que se le suplica lo remita inmediatamente para no incurrir en las responsabilidades que ameritan dicha omisión y cumplimiento de su deber.

Ese 30 de Abril de 1929, el administrador de San José, Don Miguel Morales a la muerte de Hermilo Mena, remite a Agustín Morales, cuando fue sorprendido en terrenos de San José robando aguamiel en un guaje.

El 6 de Mayo de 1929 en un oficio mandado por el presidente municipal al comisario de San Juan Ixhuatepec y con copia Ma de la Luz dice:
Por oficio n/o

Que mando un piquete militar para el resguardo de la Hacienda San Jose, al menos por un pequeño lapso de tiempo.

Pero ella sabía que no haría que desvanecieran los peligros para una mujer sola por lo que empezó a albergar la idea de que tal vez era necesario pensar en buscar un hombre que la ayudara a sacar adelante el gran proyecto que tenía en mente cosa difícil pues una relación de veinte años con el hombre de su vida y con el cual había pasado momentos de alegría, pasión, tranquilidad y también momentos difíciles, la muerte de su pequeño hijo Juanito por el descuido de la nana, la entereza con que Hermilo había tomado las cosas al apoyarla y confortarla en tan amargo transe, los días de la medición de los cuartos de la hacienda en donde sin haber puesto los cimientos de San José ya soñaban en donde serian las habitaciones la cocina etc. mientras lucha traía tequila y botanitas a Hermilo que gustaba de compartir con los peones y albañiles a los que siempre sorprendía, con alguna historia, todo esos recuerdos serian difíciles de olvidar, esos solaces momentos con los cuates Isabel y Fernando vestiditos por un lado Fernando de charrito, Isabel de chinita poblana y jugando en el jardín. o las mañanas calurosas de verano en los acueductos de San José que eran un portento de ingeniería ya que trabajan con gravedad, la bomba al sacar el agua de 130 ms de profundidad es llevada a lo alto del acueducto aéreo que puede mandar con sentido sur - norte y que hacía llegar el agua a los terrenos al norte de la hacienda fracción d, e, del rancho San José según escrituras y llevaba por un acueducto sumergido a algunos metros y llevaba el agua a un acueducto ya sobre el nivel del piso hacia un jagüey que podía mandar agua o regar por aspersión más de quinientas hectáreas, por otro lado si el agua corría de norte a sur entonces caía a una fosa o pileta que almacenaba cerca de diez mil litros y que al llenarse hacia el agua correr por a acueducto que llegaba al otro extremo a 3 o 4 mts y caía el agua por un tubo subterráneo que por gravedad se llenaba y hacía correr el agua a otro punto donde ya había erigido un acueducto por el cual emanaba agua y lo hacían bajar en dicho tramo para mandar el agua a una pileta de 20,000 litros que mandaba agua a diferentes terrenos de labor en fracción c de San José que eran regados constantemente y así llegando en otro punto a seguir cayendo por gravedad al llenarse otros fosos de dichos acueductos hasta llegar a muchos miles de metros o bien hacer un pequeño jagüey y ahí mismo tirar la manguera de 5 pulgadas de la bomba de aspersión un enorme motor General Motors de diesel que mandaba un chorro de 5 pulgadas a 5 o 6 metros con una presión altísima cabe decir que para mandar agua a otro punto al oeste de San José se llenaba una pileta de 70 000 litros de agua a los pies de las escaleras que van a la planta baja y al jardín y que servia como una alberca que dejaban correr por otro pequeño acueducto a la fracción b de San José con una longitud de 2000 metros, en un acueducto subterráneo, esta fosa, o alberca que usaban constantemente en tiempos de calor por los niños en un hermoso jardín de 4000, mts2 donde las tardes eran muy agradables y comían carne en el asador que era un tambo de 200 lits partido a lo largo a la mitad, sirviendo un lado de tapa. Y el otro de asador. Y sus patas.

Los mellizos Isabel y Fernando Mena Rul 1928

El 7 de Mayo de 1929 son confiscadas de (daño) ¨ cuando algún grupo de animales se introducen a un terreno sembrado o con pastizales y destruyen comen y pisan los campos, por lo que son puestos en custodia, ya sea en la comisaria o en la finca donde fueron sorprendidos haciendo el daño', por lo que los afectados pueden cobrar sus daños, hasta con algún miembro del ganado incautado, así pues decíamos, habían sido confiscadas de daño 30 cabezas de ganado cabrío, cobrando también .50 cts por cabeza.

Firma Miguel Morales en representación de la sucesión de Hermilo Mena y por órdenes de la Sra. vda de Mena.

Ese mismo día 7 de Mayo, muere el hermano mayor de Luz, Don Miguel Rul y Palma y que por ser el primogénito tenía el derecho que nunca ejerció, del reclamo del condado de Casa Rul y la Valenciana.

El 8 de Mayo de 1929, escribe Ma de la Luz a el Lic. Cutberto Chagolla juez de primera instancia Tlalnepantla México.

En virtud de haber fallecido uno de mis hermanos me es imposible pasar por el juzgado, por lo que ruego haga favor de dictar su respetable fallo en el interdicto.

Oficio 37455:

Presidente del comité p. administrativo.

San Juan Ixhuatepec México.

El c. Ing. Martin R. Gómez Secretario de Agricultura y Fomento en oficio 37455 del 22 de Abril prox pasado dice Sra. Ma de la Luz vda de Mena lo siguiente:

En su atento memorial fechado el 9 de Abril del corriente esta secretaria hace la investigación sobre los hechos que ud expone, resultando lo siguiente. Que en virtud de la cesión provisional que verifico el Sr. Mena, de 130 hectáreas a favor de los ejidatarios de San Juan Ixhuatepec pertenecientes a las haciendas de San José y Santa Cruz y dicha donación provisional no fue entendida por dichos ejidatarios por lo que apoyaba la causa ejidataria y les daba la razón más detiene el asunto por mayor pruebas. 9 de Mayo de 1929.

El 29 de septiembre Ma de la Luz remite a Isaías Campos cuando fue detenido robando cebada y escobas que se integran como cuerpo del delito y un arma que le fue decomisada.

El 4 de Octubre de 1929, escribe Luz, al presidente municipal Daniel Fuentes, diciéndole que hace algunos días fueron mandados uno peones para arreglar un camino publico que conduce al rancho e Isidro Gonzales vecino de San Juanico mando suspender los trabajos sin ningún poder para hacerlo por lo que le ruego me expida una licencia para continuar dichos trabajos haciendo del conocimiento a obras publicas ya que el mencionado Isidro González cito a uno de mis trabajadores, al que pretendía encarcelar por el hecho de estar realizando dichos trabajos. Dionisio Soto,

El 7 de Octubre Miguel Morales el administrador de la hacienda San José a la muerte de Hermilo escribe a él Sr. Montiel persona se encarga de llevar a buen fin el problema con los vecinos que habían cerrado los caminos de acceso a San José por la autopista y le manda $ 5.00 pesos por su tiempo en dicho asunto.

El día 11 de Octubre de 1929. Ma de la Luz escribe a h. comisión de caminos.

Ser dueña de San José y Hacienda en la cual pasa un camino público desde hace más de un siglo y cual uso, ejercita mas el comité administrativo agrario, y los comisarios de San Juan Ixhuatepec, que han obstruido por medio de zanjas, cortando el paso de dicho camino, que es una desviación de la carretera nacional y sirve de paso a los coches si por algún motivo esta en reparación, pero no solo este motivo, pero dicho camino, posee un puente que sobre el rio unido de Tlalnepantla, que es exclusiva jurisdicción federal.

El 17 de Octubre de 1929, el juzgado segundo del Distrito Federal certifica el incidente de suspensión relativo al juicio de amparo promovido por Ma de la luz Rul vda de Mena, contra actos del juez y comisario de San Juanico por la obstrucción y desposesión de dichos caminos por dichas autoridades y así. Aceptada la suspensión el 22 de Octubre de 1929.

El 28 de Octubre de 1929 se le pide a Miguel Morales escriba a su amigo Montiel de parte de la Sra. Mena, que era de suma urgencia presentarse en san José con cinco testigos mínimo para dar fe ante notario, ya en San José Lic. Basurto del tiempo inmemorial del uso del camino.

Ese mismo 28 de Octubre, el Gobernador escribe a Ma de la Luz e informándole que también el presidente municipal de Tlalnepantla lo sabe, diciéndole que contesta su telegrama del pasado 15 del actual y en donde se me ordena darle garantías a la Sra. Mena y además hacer con ayuda de los c/c. regidores Víctor Saucedo, Juan García, José Fuentes Alfredo Garcés, para practicar una vista de ojos, para constatar así el tiempo que llevaba dicho camino desde hace tantos años de uso, y firmado por Filiberto Gómez gobernador constitucional del estado de México.

El 13 de Noviembre se decomisa un burro y se les entrega a las autoridades.

A este mismo notario Jesús Basurto le remiten el acta levantada por obstrucción del camino que conduce hacia la capital con la oposición de los vecinos del pueblo a que se obstruya el camino, firmado por los vecinos.

Para el primero de Noviembre se le entregan copias de planos acta notarial del testimonio de obstrucción del camino.

Un año exacto después del asesinato de Hermilo el 23 de Noviembre de 1929, Miguel Morales pide a Alfredo Chirino Garcés ayude a María de la Luz en el asunto ordinario civil contra la Srita. Isaura Mena para darle pronta entrada en fecha hábil y darle fecha de los acuerdos que salgan en tiempo y forma…

Si bien las tierras fueron devueltas se ordeno dejar los caminos y veredas como servidumbre de paso para el pueblo según una carta del gobernador constitucional Filiberto Gómez el 28 de Octubre de 1929.

El 22 de Diciembre se decomisan 6 puercos pidiendo se le cobren daños. El día 28 de ese mes Ma de la Luz le escribe al Presidente Municipal que los animales detenidos de San José que fueron arreados por el administrador de La Presa y que además es dueño de los puercos que se habían detenido y que para no pagar el daño de sus puercos y además metió a propósito nuestros animales para así cobrarnos daños a nosotros y estar en igualdad de circunstancias.

El presidente y su estado mayor en San José

El presidente Don Pascual Ortiz Rubio

Capitulo XVI

Invitados de Lujo

Desde el 17 de Noviembre de 1929 fue nombrado como candidato para la presidencia por el PNR contra José Vasconcelos quedando triunfador, el cinco de Febrero de 1930 toma juramento como presidente Don Pascual Ortiz Rubio, que el mismo día que toma posesión fue herido en un atentado que lo ponen fuera de control por dos meses dejando a sus colaboradores en el mando.

Los años siguen pasando sobre la hacienda San José y los pequeños cuates Isabel y Fernando fueron creciendo su infancia y la adolescencia,

En 1932 San José tiene la honra de tener como invitado especial al presidente de la republica el ingeniero Pascual Ortiz Rubio que antes de terminar su mandato el día 2 de Septiembre del mismo año, como invitado de lujo comió en el comedor de la hacienda San José y como anfitriona mi abuela lucha, obviamente presente la mayoría de su estado mayor presidencial, entre ellos destacaba Manuel Ávila Camacho que venía con otros generales y comenzaron a jugar al tiro al blanco con rifles en la zona donde hoy precisamente esta el polígono de tiro se colocaban unos soldados que con banderas avisaban lo certero del tiro, Ma de la Luz traía una pistola cuenta y cinco muy bien cuidada y al preguntarle el general Ávila Camacho si la vendía, Luz le dijo que no, pero si quería la apostaría contra la de el Gral. Al tiro al blanco, y lo que paso era increíble, después de tres certeros tiros Ma de la Luz le gano la pistola.

General Abelardo Rodríguez toma posesión de su cargo de Presidente el 2 de Septiembre de 1932

Para el 30 de Noviembre termina el periodo de Abelardo Rodríguez, para dar paso al General lázaro Cárdenas del Rio el primero de Diciembre.

El pequeño Fernando ya era un niño de diez años, y junto con su hermana Isabel, escuchaban las historias que les platicaba su madre Lucha, acerca de su padre de cómo conoció al Gral. Zapata, como salvo la vida cuando, en un asalto a su hacienda, se le encasquillo el arma al forajido lo cual le dio tiempo a Hermilo de acabar con él y como su tío Diego Rul amaba los caballos al grado que los subía a su cuarto a dormir con él, para el pequeño Fernando esas historias lo hacían imaginar a su padre del cual tenía ya muy vagos recuerdos, en 1938 su hermana Adela que ya era una mujer de veintitrés años y hacia pocos años acababa de casarse, que tenía una pequeña hija llamada Adela que era siete años menor que Fernando e Isabel por lo que la consideraban su hermanita y que desgraciadamente a tierna edad, murió de una enfermedad, pero aparece en una de las fotos del pequeño Fernando a caballo perteneciente al archivo familiar, y la cual es repetida posteriormente por mi y por mis hijos en diferentes años con la misma escenografía, la fachada de san José.

La prensa anuncia la expropiación petrolera 1938
(Imágenes proporcionadas por la Fototeca, Hemeroteca
y Biblioteca Mario Vázquez Raña / ORGANIZACIÓN
EDITORIAL MEXICANA S.A. de C.V.)

A finales de los treinta Isabel fue inscrita a un internado para señoritas donde curso el último año de primaria y la secundaria.

Por esos años se socito el zafarrancho en San José el administrador de la hacienda de San José se hizo de palabras con el mayordomo del tinacal, originándose una riña donde este, de un machetazo hiere de muerte al administrador de la hacienda, el cual todavía con el machete incrustado en el pecho alcanza a matar de un certero disparo en la cara, al mayordomo del tinacal, eran aproximadamente las siete de la noche y Fernando y su madre María de la Luz estaban cenando, cuando se presenta el administrador que sangraba profusamente, Ma de la luz ordeno a las mucamas sacar un colchón al corredor de la casa grande donde lo acostaron y le aplicaron torniquetes, con pedazos de sabanas, unos minutos más tarde murió también.

El pequeño Fernando Mena Rul de Charro 1938

Isabel y Fernando con bobby el Gran danés1935

Fernando con Adela y su prima Teresa 1933

No había duda que lucha era una mujer tenaz, trabajadora, y muy valiente, que supo sacar adelante a sus hijos su carácter siempre fue definitivo tanto en las buenas como en las malas así es que algunas veces ese carácter la haría pelear con sus trabajadores que algunas veces la demandaron por despidos injustificados y otras veces para ver que le sacaban.

Una noche que cenaban en el comedor de San José, discutían Fernando con su madre por que él no quería comer el recalentado, fue una discusión que nunca llegaría a buen fin, hasta que en dado momento, lucha encolerizada, arremetió a cucharazos a Fernando descalabrándolo con la cuchara sopera de plata, sería una lección que de alguna manera dejaría huella en el, así a través de los años Don Fernando Mena Rul conservaría, y ahora conservo yo, en estas fechas.

En medio de los treinta, esos años difíciles donde se gestaba en Europa la Segunda Guerra Mundial y la cual no tocaremos al no ser parte de algún hecho que fuera de importancia, de no ser nuestros grandes águilas aztecas, héroes del batallón 201, que ayudo a liberar las Philipinas, aparte de la crisis mundial y que pego muy fuertemente en México así que el rancho, como era llamado por Ma de la Luz, tenía serios problemas financieros, sin Hermilo y con los constantes ataques que aunque no eran como antes, todavía se suscitaban intermitentemente a los cultivos y magueyes de San José, la economía estaba muy deteriorada, por lo que fue necesario rentar la parte de abajo de la casa grande por lo que la casa que había sido algún tiempo de Adela Mena Rul, que ahora vivía con su actual marido, un célebre ingeniero el famoso che Méndez, que entre otras obras, había construido el Colegio Militar y el hipódromo de las Américas, de este nuevo matrimonio nace la pequeña Adelita Méndez Mena, segunda hija de Adela Mena Rul.

Por esos años Fernando Mena Rul es invitado a la Hacienda de Santa Cruz pues sus tías querían reconocerlo, ya que debido a los pleitos familiares entre su madre y sus tías, lo habían distanciado de ellas, así que cuando llego a la hacienda se quedo imaginando el lugar donde su padre había crecido de niño, esperando, parado en el jardín vio una mujer de edad avanzada que se le acercaba y amablemente le dijo sorprendida y con lagrimas en los ojos, "eres idéntico a tu padre" abrazándolo, recordando a su difunto y amado hermano Hermilo, era la tía Isaura.

Don Hermilo Mena a caballo en Santa Cruz

Fernando Mena Bravo a caballo en San José

Paso unas horas viendo unas fotos de su padre donde estaba montando un caballo y vestido de charro en las puertas de santa cruz, el ya conocía esta foto pues era la misma que su madre le había prestado a un periodista en tiempos del asesinato de su padre, y nunca más la volvió a ver, y la misma de el encabezado del periódico donde salió la noticia del horrible asesinato de su padre, comieron platicaron de sus hermanas, que aun no querían tener ningún acercamiento con sus tías influenciadas un poco por su madre lucha; entrada la tarde se despidió de su tía Isaura por última vez.

Al poco tiempo la parte de debajo de san José, y los establos fueron rentadas a un español de apellido Tomassini, el cual por un poco tiempo cumplió con sus obligaciones, pero no tan solo se empezó a sentar en el pago de la renta, al grado de ya no querer pagar las rentas y lo peor, no querer salirse de la propiedad.

Ma de la

Luz lo demando y comenzó un juicio de desahucio en contra del español que duro por más de cinco años casi el tiempo que duro la segunda guerra mundial estaba asesorándola legalmente el célebre abogado Juan Velázquez, quien llevo el caso medianamente, además que se quedo con las escrituras originales de san José que eran de 1700 y no las devolvió jamás, coleccionaba antiguas escrituras, se cuenta que en esos ires y venires al juzgado, Ma de la Luz conoció a un insipiente funcionario de gobernación Adolfito López Mateos, que la ayudo muchísimo durante el juicio asesorándola y recomendándola en el juzgado para así ir avanzando en un juicio que casi estaba declarado en su contra, debido a las corruptelas de Tomassini, y aunado al el hecho de la falta una buena representación jurídica, ya estaban por perder el caso y su abogado le comenta la necesidad de desaparecer los expedientes, claro una barbaridad por lo complicado de la solución, Luz en la desesperación por no perder su casa y patrimonio planea ir a pedir ver los expedientes para su debida defensa los encuentra y los esconde entre sus ropas y tras haber sustraído del propio juzgado, bajo sus enaguas el expediente completo del juicio, dejando al demandado y a las propias autoridades sin documentos que aportar ninguna información ganado milagrosamente el amparo y finalmente poder expulsar a tan moroso arrendatario.

Esctrituras

Antiguas escrituras hechas a mano

Fernando Mena Rul en San José 1947

Capitulo XVII

La II Guerra Mundial

En 1940, después de una cruenta batalla electoral a sangre y fuego es designado Presidente de la Republica Manuel Ávila Camacho, que hace un tratado de comercio con estados unidos y les provee de insumos acero petróleo, los braceros llamados así por sus brazos de ayuda en las labores del campo y más de trescientos efectivos de la Fuerza Aérea Mexicana el famoso Escuadrón 201.

En esos años los barcos mexicanos Faja de oro, Potrero del Llano, y el Tamaulipas fueran hundidos por submarinos alemanes, el 22 de Mayo de 1942, en histórico consejo de ministros, convocados por el presidente Don Manuel Ávila Camacho, a las nueve y media de la noche, se le pide al congreso de la unión, la declaración de guerra a las potencias del Eje, el joven Fernando recordaría que ese día mientras oía la radio con su madre, y hacia su tarea de geografía, dibujaba unos barcos hundidos por unos submarinos en el mapamundi de su libro.

Esto me hace recordar una anécdota de un amigo de mis papas, el célebre Doctor Carlos Benavides Pérez, su padre era uno de los últimos constituyentes, Don Celestino Pérez y Pérez, abuelo del conocido comediante Carlos Bonavides, Huicho Dominguez, este increíble doctor tuvo una historia digna de hacer un libro, pero esta vez les contare que al terminar su carrera de medicina se fue a especializar a Francia donde estudio en la Sorbona de París y al estallar la guerra fue inscrito con engaños, y su buena fe al ejercito de la Guardia Nacional donde puso a prueba sus conocimientos médicos, al poco tiempo cae parís, y es hecho prisionero y mandado a un campo de concentración en plenos Alpes, donde por un lado tenia rejas de más de cuatro

metros de altura, y por otro lado las montañas heladas que no tenían
ninguna puerta más que la certeza que por ese lado no se llegaría
más que a una muerte segura, por lo que ni guardias tenia, después
de unos meses deciden escaparse por ahí con un grupo de españoles
franceses y portugueses y, el mexicanito que juntando pedazos de papel
y cartón con lo que envolvían los purés de papa o pedazos de carne
que les proporcionaban de comer y ellos mismos pacientemente las
hilvanaban a sus ropas para aislarlas de la humedad y el frio, así que
con dicho papel y carton, aguantarían los fríos, en más de treinta tres
días huyendo por las montañas heladas, de los más de treinta que
escaparon, solo llego Bonavidez con otros tres, asi llegaron a España
por Portugal, saliendo en un barco mercante a América acompañado
nada menos que por el famoso poeta y escritor Don Renato Leduc
creador del famoso Tiempo y Destiempo, sabia virtud de conocer el
tiempo, en ese tiempo en funciones de carácter consular, y donde más
de tres veces, contaba, fueron detenidos por submarinos alemanes que
tras de revisar las cargas e interrogar a los pasajeros en perfecto idioma
a cada uno de ellos y con un trato muy respetuoso, lo cual asombro al
propio Bonavidez, al poco tiempo fueron dejados seguir su camino.

Fernando Mena Rul en la preparatoria

Durante la Segunda Guerra Mundial el país pasaba por una crisis que afectaba directamente a la población, la escases de diferentes productos como son las llantas, el plástico, las medias el acero, la gasolina y el diesel en fin, en san José se tenían dos automóviles un Mercury y un Packard, que en esos tiempos de austeridad no circulaban según terminación de las placas, los lunes miércoles y viernes no circulaban las pares, y los martes jueves y sábados las nones, por lo que era necesario que los choferes, intercambiaran las llantas, según los días.

En los albores de los cuarentas Fernando era un muchacho de catorce casi quince años de edad con una terrible falta de cariño y consejos paternales así como una férrea sobrevigilancia por parte de su madre que lo asfixiaba si el termino lo permite lo sobre protegía y hasta celaba e imponía castigos, sin lugar a tregua poniéndole todo tipo de pruebas que voluntaria e involuntariamente lo fueron curtiendo, a medida que pasaba la vida.

Mi padre Don Fernando Mena Rul en el Cristóbal Colon

En 1939, cuando muere su tío Diego Rul, y lo tiene que (amortajar), fue una experiencia que lo marco en la vida, el hecho de vestir el cuerpo inerte de su tío acompañado de su madre y a la vez, hermana del difunto, le hizo ver ese lado obscuro, pero al fin real de la vida, por lo que la muerte entre los Mena era un tema bastante abierto y debidamente entendido y aceptado, el joven Fernando sabía lo que la muerte representaba, había vivido en carne propia la pérdida de su padre, sentir el abandono, el dolor de la soledad y la falta de guía de figura paterna, lo que le hizo desarrollarse en otras cosas más sutiles y profundas como la escritura la música, la poesía, la pintura, temas que le gustaba y practicaba, es claramente demostrado con las pinturas poemas y escritos, acerca de diferentes tópicos que se conservan en los archivos familiares.

Se convierte en un buen estudiante, un persona ejemplar y de buen trato culto, reservado, contenido, con carácter buen humor sobre todo la facilidad de hacer mantener amigos durante tantos años y aquí entran las dos acepciones de la palabra mantenerlos con su pecunio, y mantener en el sentido más estricto de la palabra, y su definición más acertada, regar cultivar crecer y sobrellevar una amistad, esto mismo le paso a Don Fernando Mena Rul hizo y dejo unas muy buenas relaciones con todo el mundo, nunca escuche que alguien dijera que Fernando lo engaño, lo dejo en algún problema, o le debiera algo, y como ultimo y no por esto menos importante, el honor, de sustentar y cumplirlo que se dijo, y ni más ni menos.

San José producía algunas hortalizas y siempre era necesaria ayuda para su mantenimiento, en esos años llego un jardinero con ascendencia japonesa, aseguraba que su padre y su madre eran japoneses llegados a México desde principio de siglo, de perfecto español y como jardinero era muy bueno, tenia buena mano, muy buen carácter y carisma pronto se hizo amigo los trabajadores y de Fernando, que debido a la lejanía de San José y cierta soledad gustaba que el jardinero llamado Okoshi, le contara cuentos del oriente y las historias y dichos de Confucio.

Okoshi que gustaba de practicar con su radio de onda larga a sintonizar estaciones japonesas y oír música clásica, era ordenado serio y nunca tosco o mal educado conocía de mecánica y muchas veces ayudo a la compostura de maquinas tractores y automóviles, casi al cumplir el año de estar trabajando en san José un día el japonés es detenido regresando un fin de semana que había salido, mientras unos agentes secretos de la Secretaria de Gobernación decomisaban sus radios de onda corta y larga que según ellos eran para mandar mensajes codificados al Japón de parte de espías que desde México mandaban información de México y los Estados Unidos.

Una calurosa noche de Otoño Fernando lleva algunas horas desarrollando un trabajo de Geografía donde localizaba los ríos de la republica mexicana, en algunas hojas semidobladas que no llegaron a buen fin, por algún error en el trazo, o porque la tinta se corrió mas de donde el contorno lo pedía permanecían aun húmedas las huellas de la tinta, de un par de submarinos con suásticas nazis en pleno Golfo de México torpedeando un par de barcos mexicanos, por lo que esa noche se acostó casi a las diez de la noche a las doce y media de la noche aproximadamente escucho un grito de su madre por lo que se levanta y se dirige hacia el cuarto de el al entrar pudo ver que dos gentes forcejeaban con María de la Luz, mas sin poder reaccionar recibe un fuerte golpe en la cabeza, lo cual casi le hace perder la conciencia, es lanzado a la cama donde siguen golpeándolos con unos martillos en la lucha Luz le muerde a un ladrón el dedo y casi se lo arranca, tras golpearlos huyen dejándolos por muertos ahogándose los dos con su propia sangre, mientras los ladrones registraban su ropero, donde guardaba dinero y joyas entre otras cosas de valor, al amanecer unas de las mucamas los encontraron casi muertos y mandaron llamar a la cruz roja la cual los transporto a un hospital donde poco a poco fueron recuperándose, al poco tiempo según las investigaciones, el chofer del rancho y una de las cocineras y otros cómplices entre ellos uno sin el dedo índice, fueron detenidos con algunas joyas y se cuenta que al presentarse a dar algunas declaraciones en el pueblo María de la Luz es interrogada por el jefe de la policía el cual portaba un fistol de oro que inmediatamente reconoció como suyo, por lo cual sabía de antemano no iba a llegar a buen término con las investigaciones, pues el mismo era el jefe de la banda o al menos el encubridor.

Le contesto al jefe de la policía que ella intentaba ayudar a las investigaciones pero que ya no era necesario seguir con las preguntas pues ella ya sabía quien la había robado, enfilándose hacia la puerta, por donde salió.

Mi padre y' su palomilla' sus amigos 1947

Camino a San José

Fernando y Lic. Benítez amigo de toda la vida

Recuerdo que mi padre me contaba que en esos tiempos, San José estaba tan alejado de la civilización que muchas veces tuvo miedo que al regresar al rancho como él lo llamaba, lo estarían esperando algunos asesinos agazapados en las sombras de la noche para clarearlo a tiros, era en él un temor constante como resultado del asalto que sufrieron años antes.

En 1946 entra a la presidencia Miguel Alemán Valdés.

Para Abril de 1948 San José estaba rentado en la parte de la primera planta y casi en su totalidad a un señor llamado Rosendo Dozal, este hombre se dedicaba a vender leche y puso muchas vacas en los corrales que a diario ordeñaba.

El tractor 1949

Ma de la Luz gracias a su carácter fue sacando a sus hijos y a San José adelante, Fernando estudio en el Colegio Cristóbal Colon en Sadi Carnot 13, 38, y 56; sacando muy buenas calificaciones, donde curso la secundaria y la preparatoria desde 1944, posteriormente estudio ingeniería en la UNAM, cual no termino, según el contaba porque un día que su maestro se mofo de el al no pronunciar adecuadamente el ingles y con esto la burla de sus compañeros lo hizo dimitir a esa clase, y poco después ausentarse por completo, por otro lado la tarea que representaba la administración de san José, que ya desde años antes vivía precariamente, debido a los pagos de impuestos prediales y los gastos que generaba la hacienda en sí, que en ese tiempo era de casi tres cientas hectáreas, dedicadas a la agricultura, y debido a su cercanía a las poblaciones sufría todo el tiempo robos y de pillaje, era muy difícil tratar de mantenerse de la agricultura y ganadería por lo que tendría que ingeniárselas.

Desde la primera mitad de los cuarentas, Fernando contaba con tres entrañables amigos, que lo acompañarían casi toda la vida, Ernesto Benítez Rojas, que mas tarde casara con mi tía Isabel Mena Rul por segundas nupcias, Eduardo Salceda "el fantasmon", y el pajaro metódico, Ernesto toto Hernández estos, sus más estrechos amigos compañeros de sus parrandas y sufrimientos, que no necesariamente los únicos pero si los más antiguos.

Fernando que no dejaba de pensar en cómo conseguir dinero, la situación económica era bastante precaria la guerra mundial y la situación nacional no caminaban de forma normal, el dinero era necesario y en esos momentos que tanto les hacía falta, echo mano del pulque que se producía en San José para venderlo a las deferentes pulquerías de la ciudad de México pero debido a que sus tierras estaban fuera de la ciudad, se tenía que pagar impuestos, introducir pulque al Distrito Federal generaba impuestos y debido a que los impuestos que se tenían que pagar, mermaban las ganancias, decide meterlo de contrabando, tenían que declarar la cantidad del producto con fecha del día mas él lo dejaba en blanco y lo llenaba tan pronto que era detenido a revisión, así es que todos los días a las cinco de la mañana tenía que estar en la aduana que se localizaba en la Villa de Guadalupe donde los furgones de carga entraban desde el interior de la republica con diferentes cargas, en este caso los furgones del pulque contenían una gran cantidad de castañas que se habían apilando en el tren para posteriormente al llegar se iban descargando y pasando por la aduana donde Fernando iba pasando sus castañas entre las muchas que iban pasando eran contabilizadas vendidas pagadas y gravadas, salían al interior del distrito federal a las innumerables pulquerías de la ciudad.

Desde las tres y media de la mañana por un lado salían los tlachiqueros a ordeñar y raspar magueyes y en la hacienda, en el tinacal los tlachiqueros cargaban el camión de casa y ahí transportaban el neutle.

El camión del pulque 1947

En 1952 Don Adolfo Ruiz Cortines toma su cargo de presidente de la republica.

Contaba mi padre que en esos años siempre cargaba su tejana y su pistola salía a pasear con mi madre aun de novios y salían a bailar o alguna cena o fiesta, y a media noche se salía una hora del evento para ir a la villa, dejando la tejana en garantía de su pronto regreso, y ya lo estaba esperando su mayordomo sus cargadores y se iban a dejar el producto para estar listos en la aduana luego regresaba a sus eventos a seguir la fiesta.

Fernando Mena Rul decide poner algunas pulquerías en el centro de la ciudad y cerca de la Villa.

Para 1954 la testamentaria de los bienes de la tía Isaura Mena vende la Hacienda de Santa Cruz con más de trescientos mil metros, a la empresa regiomontana, Vidrio Plano de México, y según una placa, develada en la hacienda, se inauguraron las oficinas el día 22 de Septiembre de 1954..

En esos tiempos, un ingeniero de Ferrocarriles Nacionales, llega a la hacienda San José, pretendiendo comprar una franja de casi veinticinco metros de ancho y casi un kilometro de largo a María de la Luz para que pase el tren que viene de Veracruz y Puebla, se cerró la operación que fue pagada a plazos y totalmente cubierta al poco tiempo.

Hermilo en su carro Packard con amigos 1925

Capitulo XVIII

Al quite

Fernando Mena Rul como buen hijo de Hermilo, desarrollo un gran sentido de responsabilidad, quedando a cargo de todo desde muy joven, por lo que fue adentrándose de lleno a los problemas de la hacienda, y por lo que fue meditando en el rumbo que tal vez debería seguir para salir de sus problemas monetarios, si bien el giro inmobiliario no había sido probado en la zona, supo que en Vallejo se desarrollaba cada vez más la zona industrial y crecía apresuradamente, por lo que comenzó a hacer planos y proyectos de subdivisión de los diferentes fracciones que tenia la Hacienda San José, e inventando nuevas subdivisiones, así como la idea de que las calles por si solas, ya dividían ciertos terrenos, por lo que la figura de desarrollar calles al principio, ayudarían a lograr mas fácilmente las subsecuentes subdivisiones que siempre eran vistas con cierta negativa, por las autoridades municipales y estatales.

'La virtud es aspera en el camino y deliciosa en la cumbre'.
Saint Laurent.

El 5 de Marzo de 1955 nace la hija de Fernando Martha Isabel Mena Bravo

El 22 de Septiembre de 1957 nace la hija de Fernando Gloria Alicia Mena Bravo.

El 13 de Septiembre de 1958, debido a la toma de posesión, como presidente de la republica de Don Adolfo López Mateos, Ma. De la Luz le manda una carta de felicitación, por su honroso cargo, carta que contesto el Sr. presidente, mandando a lucha, un pequeño mensaje, agradeciendo el gesto.

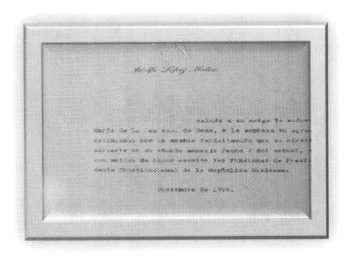

Carta del presidente a Ma de laLluz

Don Fernando Mena Rul en sus épocas de estudiante entablo una fuerte amistad que duro toda su vida con dos amigos entrañables el Licenciado Ernesto Benítez Rojas y Don Eduardo Salceda W. con ellos, paso sus años escolares y la adolescencia, gustaba de salir a bailar con amigas y conocidos y visitar bares cantinas y uno que otro antro, una vez un conocido de ellos Eduardo Mendoza, se hace de palabras con un tipo que acompañaba a una mujer en un momento dado desenfunda una pistola y arremete encontrar de el mas en un rápido movimiento para tratar de alejarlo del fuego Fernando recibe un balazo en el abdomen poniendo su vida en peligro ya que después de una tortuosa espera por una ambulancia de la cruz roja, que nunca llego, posteriormente lo levanta la Cruz Verde que lo daba por muerto, una operación de caballo por los pasantes del nosocomio, que tuvieron que sacar sus intestinos para lavarlos por las heridas causadas por la bala, a punto de la peritonitis, y no después de muchos padecimientos, salva la vida milagrosamente, mas no la amistad con el hombre que salva, ya que ingratamente no vuelve ni siquiera a agradecerle el gesto heroico.

Para 1960 Pemex llega a comprar más de ciento cincuenta mil metros cuadrados para poner sus instalaciones de gas y al poco tiempo empresas gaseras privadas como Daniel Vela instalan sus empresas del ramo gasero luego Gasomatico, Gas Metropolitano Unigas etc.

Al poco tiempo se le ocurre a Fernando Mena Rul hacer la sub división de las fracciones A, B, C, D, y E del rancho de San José, por lo que comenzó a hacer planos y proyectos.

El 22 de Mayo de 1963 nace el primer hijo de Fernando, Hermilo Fernando Mena Bravo, y aquí me permito insertar algunos momentos significativos para mi, puesto que a partir de este capítulo aparezco en el plano dimensional de San José

En 1964 el presidente Gustavo Díaz Ordaz comienza apretando y bajo su mandato se construye la presa de La Amistad y se desarrolla la telefonía, se inician las labores del transporte colectivo y las olimpiadas, por otro lado la migración de campesinos masivamente a la ciudad y al extranjero, los problemas estudiantiles, y posterior matanza en Tlatelolco.

Para mediados de los sesentas empresas como plantas de bicicletas y bandas, granja experimental y productos Api aba, fabrica de estructuras, Alcomex s.a., el polígono de tiro del COM (Comité Olímpico Mexicano), presidido por los Vázquez Raña., Geon de México Spicer Perfect circle s.a. Pinturas Ici, s.a., Nacional de catalizadores, Pretensados s.a. Frenos hidráulicos automotrices s.a., Constructora Aro s.a. Aceros Corza s.a. Nacional distribuidora s.a., Hulera Euzcadi, Wagner Ejes tractivos, y otras mas que ya hasta cambiaron de nombre o de dueño.

Con las primeras ventas, Fernando decide seguir por ese camino y se le ocurre comenzar una obra monumental, la urbanización de la fracción e del rancho San José que consistía en por medio de la bomba de agua del pozo del rancho San José llevar agua entubada hasta la parte más alta del Cerro de la Colmena donde se construiría el primero de dos tanques de agua el Mena I y Mena II con capacidad de 50.000 litros de agua cada uno y conectarse al tanque el colorado donde por medio de un tubo de tres pulgadas se llenarían de agua primero el tanque Mena I, luego por gravedad el Mena II y después el

Colorado, así como de una tubería de regreso alimentaria los 50 lotes de la fracción e por otro lado la construcción de la red del drenaje en tubería de desde 70 cm hasta 45 cm de albañal y más de 45 pozos de visita, con lo que tal vez adelante se podría realizar un Fraccionamiento habitacional.

A finales de 1968 en la fracción B del rancho San José se asentaron empresas como, Maderas Conglomeradas de los hermanos Ranz, Petroderibados, poco despues se instalo Gas Metropolitano Alcoholes Desnaturalizados y otras.

El 19 de Diciembre de 1969 nace Miguel Mena Bravo.

Jóvenes que mañana comenzáis a vivir, recordad que han pasado los tiempos en que la vida era grata, Brunetiere.

Capitulo XIX

Bonanza

A finales de los sesentas y principios de los setentas, mi infancia corría mágicamente, de mi casa en Matanzas 1039 en la Lidavista, a Zacatenco, y de ahí a San José se hacía en solo quince minutos, pasaba la camioneta del rancho a la compra del pan, el periódico, la leche bronca, y algún otro encargo en el mercado de la rioja, con mi disfraz del día, que casi siempre era un pantalón de mezclilla, unas botas de mi padre, que me quedaban bastante grandes una camisa de rayas vaquera un sombrero de charro de mi abuelo, y una pistola de aire, y de municiones (balines), con mecha de fulminantes la cual era mi más preciada joya ya que pertenecía a unos primos muy queridos Checo y Memo Gómez, que la tenían en muy mal estado y sin cachas, pero logre que un peón del rancho las tallara de madera de pino y luego las barnizara y me la arreglara, ya en el rancho estaría ensillado mi caballo ¨ el Chisol¨, ay ese caballo me dio muchas satisfacciones recuerdo un amigo lo llevo a San José de pensión pero a los pocos meses me lo compro mi padre, el caballito era entero y sabia muchos ejercicios de alta escuela era pinto con tres colores alazán, tordillo palomo rosado y crines y cola con manchas obscuras casi azabaches, muy entendido, incluso al chiflarle venia corriendo a mi lado.

Mi hermano tenía un tordillo palomo muy rápido y bailador, nos visitaban primos y amigos y pasábamos horas montando y muchas veces pasábamos largas temporadas en san José sin preocupaciones por parte de nuestros padres preguntándose en donde y que estaríamos haciendo y como nos andábamos portando, así que era una época muy relajada e inolvidable nos levantábamos a las siete que era el horario de entrada de los peones de la hacienda, desayunábamos y a veces ayudábamos por momentos en las faenas de limpieza de corrales o fuera en el campo en trabajos agrícolas, me encantaba cuando era tiempos de cosechas ya que en algún lugar de las inmediaciones de la hacienda estaba trabajando el tractor, la segadora, la empacadora, que hacia pacas de diferentes pasturas e iba dejándolas tiradas por todos los campos mientras el tractor que jalaba una carreta de carga iba recogiendo las pacas, siempre había media docena de peones, en esos menesteres mas los empleados de la casa grande, compuesto de ama de llaves, mucamas, cocinera, galopines. Chofer, y en el tinacal el mayordomo y tlachiqueros era muy bonita esa vida, a mí en lo personal me dejo muy marcado.

Frente Al casco de San José montando

En 1970 Luis Echeverría es electo presidente de la republica.

A medida que la civilización crecía, en San Juan Ixhuatepec también crecían las invasiones de los terrenos aledaños a la hacienda ya sea por campesinos recién llegados a la zona desde diferentes lugares de la republica o por lideres que comenzaban a invadir terrenos con fines partidistas y populacheros por lo que muchas veces recuerdo que a las dos o tres de la mañana hablaban por teléfono a la casa donde ciertas gentes que mi padre contrataba le pasaban pitazos de movimientos extraños de gente o de posibles invasiones que en una de las faldas de los cerros de su propiedad se habían instalado unos paracaidistas yo tendría 11 anos y recuerdo la preocupación de mi madre porque mi padre sacaría a un número indeterminado de personas que creen tener el derecho de invadir un predio, lo cual tornaba en peligrosa dicha empresa y mi madre hablaba por teléfono a algunos amigos para que lo acompañaran así que ni tardo ni perezoso organizo la defensa de su territorio, llevando a algunos de los peones que ya sabían que procedía al llegar comenzaban a tirar las casas improvisadas con ayuda de los soldados apostados ya desde hace algunos años para la vigilancia de las instalaciones de Pemex, que a la vez y por conducto del capitán encargado de la estación militar y que previamente ya había sido apalabrado por mi padre, para que al mismo tiempo fueran vigilados durante sus rondines militares, los terrenos de san José, y por lo que todos los fines de semana, los sábados a la una de la tarde, los soldados por medio de su capitán eran rayados como a los otros trabajadores de la hacienda, no sin antes hacer un ritual marcial de cambio de guardia en presencia de mi padre a manera de honra o saludo militar, y efectuada con mucha gallardía para dicha ocasión, ¡el capitán moreno gritaba órdenes a sus subalternos y tras ordenar firmes ya, saludar ya, decía: ¡capitán moreno reportando sin novedad y a sus ordenes somete a usted el siguiente cambio de guardia saludar ya¡, cambio de guardia y permiso para retirarme señor, así todos los sábados a la hora de la raya, incluso muchas veces en la oficina de mi padre hacia redactar la raya por nombres y sueldo y a la vez, me ordenaba pagarle a los peones, supervisando al firmar sus recibos.

Esta guardia de milicias estuvo al cuidado de San José y sus territorios, durante muchos años, inteligentemente mi padre sabia que la presencia militar siempre era muy respetada, incluso temida, si mi abuelo Hermilo hubiera tenido ese apoyo tal vez no hubiera estado muerto, en fin ......

Debido a que Petróleos Mexicanos desarrolla la planta de gas y posteriormente se instalan mas compañías de gas privadas, el tránsito de la zona comenzó a crecer y cambiar el entorno, ahora se veían mas y con más frecuencia laos camiones tanque que transportaban el gas.

Una mañana de Marzo, como casi todos los fines de semana, me desperté muy temprano en mi habitación de San José que tenia de vista principal las caballerizas, pero que en el tejado de las mismas tenía como puesto de vigía, al célebre y pendenciero gallo cantador, que obviamente desde muy temprano dejo de manifiesto que si sabía hacer su labor, baje al apero donde casi ya estaba ensillado el Chisol, me subí al caballo y cuando camine al patio para salir de las hacienda note que un banco de neblina estaba a flor de suelo era imposible ver a cinco metros de distancia, Chisol estaba tenso respirando entrecortadamente con los belfos muy dilatados y visiblemente nervioso pues su ángulo de visión era nulo, de hecho al dar los pasos denotaba inseguridad al plantarse en el piso y sus orejas gravitaban hacia delante con atención y súbitamente se tornaban para atrás con insegura curiosidad, bufando una vez más, poco a poco controlando sus reacciones ante el entorno y como esta muchas cabalgatas en las inmediaciones de la hacienda que marcaron mi vida y me reforzaron el cariño por los caballos.

Para esos casos de neblina mi padre había indicado que al sacar a pastar a los borregos al monte, los peones, llevaran unas banderas de franela roja, que serian blandidas por ellos de cada uno de los lados de la avenida San José, ya muy transitada por esos tiempos principalmente por carros tanques manejados de por sí, con muy poca precaución, así es que si pasara un camión se daría a tiempo cuenta del cruce del ganado y se evitaría algún accidente, mas los peones cruzaron el hato de borregos con ellos en medio, en vez de estar en cada extremo del camino por lo que al pasar sin precaución, un camión atropello a más de catorce animales y por poco mata a uno de los abanderados, recuerdo que fue horrible la cantidad de sangre en el pavimento y ver a tantos borregos lastimados y otros muertos, la mayoría destrozados.

A las pocas horas ya estaban destazados y cortados en partes, a la sal y al sol, es decir, las saleas de los animales secándose con sal al sol.

Otras muchas ocasiones me toco dirigirme hacia la hacienda con mi padre que desde que entraba a territorio San José escudriñaba detenidamente los lejanos cerros donde con una vista envidiable reconocía si alguien estaba dentro de los linderos y ya sea que estuvieran tan lejos o a pie de carretera, nos desplazábamos hasta ese lugar donde de algunos chiflidos llamaba la atención de los intrusos que eran corridos decentemente pero con energía, y si por alguna razón no obedecían eran sacados a fuetazos o cachazos no sin antes decomisar las ramas, madera, caracoles, quelites, y hatos de animales que se metían a pastar sin permiso y confiscados para el cobro posterior como "daño", esto al principio me horrorizaba pues incluso llegaba a tornarse un poco peligroso pues la mayoría de las veces sacaba a grito pelado a tres o más personas y después de todo el era solo uno, pero ciertamente fueron momentos difíciles, en tiempos difíciles, en que el carácter el valor y la suerte, eran claves para terminar de buena manera a tu favor y rápido los conflictos en ciertas situaciones.

Claro está que mi padre creció en tiempos difíciles, cuando los derechos humanos no existían cuando la ignorancia, era el común denominador, en el grueso de la población, en una desolada y alejada comunidad, que venía arrastrando desde hace mas de tres cientos años la más antigua rencilla, que pareciera en esos días infranqueable, donde el rico es un enemigo natural del pobre, y el pobre es la antítesis de lo que el rico nunca quisiera convertirse, pero que por castigo divino, tienen desde tiempos inmemorables que coexistir y depender simbióticamente el uno del otro, unos para vivir y otros para sobrevivir, y parece que es tan solo un juego de palabras, no, es más profundo; aun así el desarrollo un agudo sentido que lo guiaría en sus diferentes procesos de análisis, por un lado era un hombre amorosisimo, pero que podía explotar en un momento, y si el caso lo requería podía convertirse en un monstruo, era un hombre violento, y esto lo utilizo a su favor, desde niño sin una figura paterna y con cierta soledad fue creciendo y adaptándose a sus tiempos y circunstancias en medio de un país que estaba desarrollándose también, la ciudad de México se estaba convirtiendo en lo que en un futuro seria la más grande del mundo con todos sus pros y contras,

En esos momentos la salud de mi abuela María de la Luz Rul estaba muy deteriorada, hacia tan solo dos años atrás había sufrido un ataque al corazón, ahora acaba de sufrir el segundo de los tres ataques al corazón que la postraron casi definitivamente a una cama, fue necesaria la presencia de una ama de llaves con algunos conocimientos de enfermería, llego una mujer al puesto, Doña Carmen, corpulenta de ascendencia española de carácter fuerte y de cierta educación que empezó a llevar la organización del personal, como la cocinera o las mucamas el chofer, obviamente el cuidado de mi abuela y hasta de nosotros cuando llegábamos mi hermano, primos o amigos con mi padre, que ahí tenía sus oficinas, muchas veces desayunábamos o comíamos ahí.

Dos veces por semana había invitados a comer ya sea familiares o amistades, otras algunos funcionarios, gente que trabajaba en algún asunto inmobiliario con mi padre o clientes, mi padre se encargaba de los peones y tlachiqueros del tinacal venta del pulque, la venta de las cosechas que por mucho tiempo se vendían a Conasupo a particulares o negocios de forrajeras o a otras muchas entidades, en san José siempre había algo que hacer.

Don Fernando mi padre seguía en los tramites de las subdivisiones de los terrenos más importantes de San José.

San José en 1950

El 16 de Julio de 1972 ya concretadas las subdivisiones de las fracciones A, B, C, D, y E del rancho de San José, se forma la zona Industrial de San Juan Ixhuatepec, con más de mil empresas, también en ese año, se adjudican sus propiedades Isabel y Fernando Mena Rul.

El 11 de Octubre de 1972 se donan casi 5 mil metros cuadrados al Gob. Del estado para la dirección consultiva de planeación y aprovechamientos hidráulicos.

En 1972, se donan 10,000 metros cuadrados para la construcción del tanque el Colorado y la planta de bombeo.

El pozo dotando su preciado liquido

En 1973 se donaron 10,000 metros cuadrados para la construcción de una escuela

'Para el hombre honrado la satisfacción de servir bien, es el mejor premio'.
Jovellanos.

A principios de los setentas Adela pidió a su madre Doña María de la Luz, le herede en vida una franja de 200 mil metros cuadrados de la fracción B del rancho de San José, para ahí desarrollar un fraccionamiento y club de golf el copal, que se fue desarrollando poco a poco, ahora Lomas de Lindavista.

El 19 de Noviembre se acepta por parte de las autoridades municipales la Lotificación de la Fracción E del rancho San José.

El 23 de Marzo de 1973 muere mi abuela Doña María de la Luz Rul viuda de Mena la esposa del finado Hermilo y madre de Adela, Fernando, Isabel e Ignacio, después de una enfermedad cardiovascular y tres infartos.

Recuerdo que yo tenía casi diez años mucha gente llego a San José a presentar sus condolencias donde se velo un día antes de llevarla a Gaysso, ahí estaban todos los peones y tlachiqueros amistades del rumbo se hizo una misa de cuerpo presente, al otro día ya en la funeraria mas gentes llegaron mis primos hermanos parientes fue mi primer velación y funeral, nunca vi a mi padre derramar una sola lagrima, y fue muy fuerte ante esta situación.

'Como las hojas de los arboles nacen y perecen; así pasan del hombre las edades'.
Hermosillo.

El 18 de Septiembre de 1975 sale publicado en la Gaceta de Gobierno la autorización del Fraccionamiento El Copal.

En esos años tendría yo entre 13 o 14 años y un amigo de mi cuñado llego a San José con un hermoso caballo pinto traído de Yellow Texas entero y con algunas aptitudes para alta escuela, y nos pidió guardarlo en san José pero el dueño no podía mantenerlo por lo que no los ofreció en venta y después de algún tiempo llegue a encariñarme mucho con el caballo se llamaba Chisol nombre castellanizado de (chisawn trail) un sendero de tribus indias, al poco tiempo lo hacía echarse sobre su lomo y me acostaba sobre de él y se quedaba inmóvil, también lo hacía bailar, hacer paso Dressage era mi mascota favorita, un día pagado las contribuciones en el pueblito de San Juanico un viejito le pregunto a mi papa si era de la hacienda de san José a lo cual mi padre contesto que si el hombre le dijo a mi padre.

-Usted es igualito a mi Mayor Mena seguro es su hijo, yo conocí a su apa en tiempos de la bola cuando fue mi superior, si cuando recién entre al borlote luego yo le seguí y me fui pa Morelos pero yo soy de aquí de San Juan Ixhuatepec, luego me entere de su cobarde asesinato mendigos Rivero ellos y Morales siempre odiaron al finadito, nunca pensé que se atrevieran eran unos cobardes¡ estuvimos platicando un par de horas y mi padre escucho pacientemente muchas historias de su padre que no conocía, el viejillo parecía haberle conocido bien pero algunas historias no fueron muy exactas a consideración de mi padre, sin embargo siento que disfruto la charla con ese hombre al marcharnos mi padre le regalo 50 pesos y nos despedimos de él, al poco tiempo nos enteramos de su muerte.

Las donaciones de la Familia Mena Rul y Bravo;

En un documento con membrete de rancho de San José y dirigido al Sr. Ing. lázaro Alanís c. Fechado el día 18 de Junio de 1976 dice;

En relación a la solicitud de paso a las líneas de alimentación de agua potable del tanque El Colorado al pueblo de San Juan Ixhuatepec por los terrenos de nuestra propiedad que nos pide en oficio del 17 del corriente tiene nuestro consentimiento, esperando satisfacer las necesidades técnicas del proyecto, firma Fernando Mena Rul por sí y en representación de su hermana Isabel, como su apoderado.

El siete de Diciembre de 1979, ante el salón de cabildos se dona al municipio de Tlalnepantla los tres lotes de la fracción e del rancho de San José el lote uno, de 10,000. Metros cuadrados el dos, con una superficie de 15.884. Metros cuadrados y el veintiuno, de 12,158 metros cuadrados, hoy la OPDM. Organizmo distribuidor del agua municipal.

Una pequeña fracción de 13,540 metros del lote 47 de la fracción e del mismo rancho, que hoy es parte del Panteón Jardines de la Luz Eterna sa de cv con una superficie total de 298 mil metros cuadrados.

La superficie de 30,000 metros cuadrados que ocupa la av Hermilo Mena.

La superficie de 50,000 metros cuadrados que ocupa la avenida San José.

La superficie de 2,500 metros cuadrados que ocupa la calle aleña de la Av. San José al pueblo de San Juan Ixhuatepec.

la superficie de 15,000 metros cuadrados que ocupan las calles Ma de la Luz Rul, la calle Cerro Colorado y el Bulevar Fernando Mena Rul, .ahora la colonia Residencial Ecuestre San José.

Se vendió a precio simbólico al ayuntamiento de Tlalnepantla 40,000 metros cuadrados para la construcción de una escuela preparatoria y un campo deportivo.

En un contrato de donación simple y pura, ante el presidente municipal Arturo Ugalde Meneses, se le donan al municipio de Tlalnepantla los lotes16, 17, 18, 19, y 20 con una superficie de 22,621 metros cuadrados, de la fracción e del rancho de san José firmando como donante Don Fernando Mena Rul en representación como administrador de los bienes de su hermana Isabel y albacea, y con consentimiento de sus sobrinas Isabel y Lourdes Romero Mena el día el 20 de Junio de 1995, donde hoy en día se encuentra la procuraduría y centro de justicia, también se construyo el centro médico Cristina Pacheco, y más tarde una guardería.

Se donaron aproximadamente 216,703 metros cuadrados al municipio y Gobierno del Estado.

En 1982 entra a la presidencia Miguel de la Madrid Hurtado.

Para principios de los ochentas nacen los primeros nietos de Don Fernando Mena Rul, Guillermo y Carlos Calderón Mena hijos de Martha Isabel Mena Bravo.

Luego las primeras nietas de Don Fernando, hijas de Gloria Alicia Mena Bravo Paulette y Paulin Rached Mena.

La urbanización de la fracción e se comenzó en Febrero y termino el 12 de Octubre de 1984 y costo $ 16´276,773.00 de 1984.

Solamente el tiempo confirmaría la importancia de dicha urbanización pues años más tarde rendiría sus frutos, pues dio paso a la última fase de urbanización de san Juan Ixhuatepec residencial albergando más de tres mil viviendas.

Mis padres: Rosario Bravo de Alva y Fernando Mena Rul

Capitulo XX

San Juanicazo

El 19 de Noviembre de 1984 a las cinco cuarenta y cinco de la mañana y debido a falta de mantenimiento, la planta de gas de Pemex explota matando a mas de cinco mil gentes el número real de los muertos nunca lo sabremos en San José todos al menos dos trabajadores sufrieron quemaduras de segundo y tercer grado, los vidrios o al menos en un 85 por ciento se rompieron, las puertas en su mayoría casi fueron zafadas de raíz varios caballos sufrieron quemaduras de primero segundo y tercer grado, pero lo peor fue que debido al accidente y queriendo curarse en salud las autoridades estatales y municipales en conjunto con una comisión interinstitucional, crean de un plumazo y en un escritorio, un cinturón de seguridad que afectaría casi quinientos mil metros cuadrados de la fracción E de San José.

Se dijo al principio que las gaseras serian reubicadas pero la verdad es que cuando las compañías gaseras se instalaron en terrenos de San José, tenían los permisos necesarios y derechos adquiridos, por lo que es muy difícil su reubicación, almenas en un futuro cercano.

sin embargo las autoridades municipales que recibieron toda la presión ante el gobierno del estado, se volvieron más negativas a los proyectos, máxime que estaban prácticamente dentro del cinturón de seguridad, por lo que la conexión de los servicios y otros permisos fueron detenidos prácticamente por años, ya aceptados los proyectos de servicios de la Lotificación de la Fracción E, el tesorero se negaba a recibir la contestación al pago de dichos servicios, el 19 de Enero de 1988 Don Fernando promueve un amparo, ante el juzgado de Naucalpan, y tras presentar todas las pruebas se juzga a favor de Don Fernando Mena Rul el 30 de Marzo de 1988, el mismo 6 de mayo, se pagan los derechos de los servicios por $ 10,750,134 pesos, oo mn.

Las escaleras de San José 1979

No cabe duda que fueron momentos muy difíciles para Don Fernando Mena Rul, pero siempre se caracterizo por no cejar un solo metro a los propósitos que se planteaba.

En Mayo de 1985, Doña Graciela Reyes Retana, a nombre del Museo de San Carlos, y el Instituto Nacional de Bellas Artes, agradecen a mi padre el préstamo de la obra" Frutero", para la exposición Las Pintoras en la sociedad del siglo XIX.

Desde abril de 1988, y hasta junio se llevaría al cabo una exposición gracias a la iniciativa del maestro, Fernando Gamboa y el apoyo de la secretaria de cultura y bienestar social, del gobierno del estado de Querétaro, y que presentaba en la galería libertad, con una visión mas completa de las pintoras mexicanas abarcando dos periodos importantes:

El siglo XIX y el desconcertante siglo XX, por lo que el 28 de Octubre de 1987, la licenciada Griselda Luna Pimentel, directora de la galería Libertad, le pide a mi padre, la obra de mi tía abuela Guadalupe Rul y Azcarate, con el título 'Frutero', técnica al oleo, con medidas de 49x 84 cms.

Dicha obra fue asegurada por seguros América, y la póliza 2aa254959.

En 1988 entra al poder Carlos Salinas de Gortari

El lote 47 de la fracción e de 298,000 metros cuadrados quedo dentro del cinturón de seguridad por lo que sería muy difícil su venta o desarrollo por lo que lo que empezó como una idea mia Fernando Mena Bravo hijo de Don Fernando Mena Rul al enterarse que solo un parque ecológico o un balneario o un lugar para acampar o tal vez un panteón tomo la idea que podría hacerse un panteón, al principio Don Fernando pensó que un panteón seria un poco pretensioso debido que esos negocios solo los hacían grandes inversionistas como él decía es un negocio de gobernadores o jefes de policía, pero gracias al dinamismo y empuje de su yerno Pablo Rached Díaz esposo de su hija Gloria Mena Bravo, al cabo de casi cinco años se obtuvo el permiso concesión por parte del gobierno del estado saliendo en la gaceta en Marzo de 1990, y al poco tiempo se funda Jardines de la Luz Eterna sa, nombre que se le pone al panteón, recuerdo que venía de Tlalnepantla con mi papa y platicando con él le digo papa si hay un panteón jardines del recuerdo por que no le pones Jardines de la Luz, honrando el nombre de su madre María de la Luz, cosa que no le pareció del todo mal y que analizándolo algunos días, y aportándole el eterna, termino por configurar el nombre del panteón familiar, Jardines del La Luz Eterna.

De abril a Junio de 1990, se llevo al cabo una exposición en el edificio del Palacio de Iturbide, por lo que la fundación Banamex lo pide prestado a Don Fernando Mena Rul otra vez, la obra de su tía Guadalupe Rul y Azcarate.

El H. ayuntamiento de Tlalnepantla Estado de México, en virtud de que en la Zona Oriente era imposible satisfacer las necesidades de agua se hace un convenio, para la dotación del agua por medio del pozo de San José el 20 de Septiembre de 1990

Con mi esposa Suhaila León en Nuestra Boda 1993

En Marzo de 1993, Fernando Mena Bravo inaugura una casa de materiales de construcción en una fracción de terreno de 734 metros cuadrados con gran aceptación en la zona.

Entra a la presidencia Ernesto Zedillo Ponce de León.

A principios del año 1994 se obtiene el uso de suelo residencial en una franja de la fracción E, y en el 95 se comienza un pequeño desarrollo de 22 casa en condominio, que por registrarse su construcción en el famoso error del 95, se hacen solo seis viviendas con un mediano resultado al principio, pero lo positivo fue el primer paso a desarrollo habitacional, después de el Club de Golf y Fraccionamiento, Lomas de Lindavista.

Ee mismo año, se inaugura el Restaurant Hacienda San José en el propio casco del rancho siendo atendido por Martha, Fernando, y Miguel hijos de don Fernando, siendo desde entonces un lugar visitado desde los presidentes municipales y gobernadores del estado de México hasta obispos, extranjeros y gente de la zona

En 1994 se inaugura un Club Ecuestre en los campos contiguos a la Hacienda San José debidamente federado, y que duro relativamente poco tiempo.

Del matrimonio de Fernando Mena Bravo y Suhaila León Castañeda en 1993 nacen los nietos de Don Fernando, Paola, Fernando, y Diego Mena León, en el 95, 98 y 99 respectivamente.

Con mis hijos Fernando y Diego Mena León

En 1997 se inaugura el Rodeo San José donde se presentaron los mejores y más conocidos artistas gruperos.

A raíz de los constantes surgimientos de negocios algunos miembros de la familia no estaba de acuerdo, por lo que surgieron distanciamientos y problemas entre los primos Mena y Romero, al poco tiempo en un desafortunado movimiento las hijas de Isabel, chabelita y Lourdes demandan a Don Fernando por una supuesta mala administración, y al mismo tiempo firman a su abogado sendos pagares en blanco que las meten en un gran problema al momento que este trata de hacerlos pagaderos por millones de dólares haciendo que Don Fernando se vuelque en un juicio de casi seis años, donde siempre las apoyo, para poderse zafar del problema en el que estaban metidas.

También en 1997 la Universidad Autónoma Metropolitana expone la obra Frutero en la exposición Mujeres Pintoras del siglo XIX

Nacen los nietos de Don Fernando, MigueL, María Fernanda y Sofía, hijos de Miguel MenaBravo.

Entrada a San Jose

Capitulo XXI

Mi Gran dolor

El fatídico día Seis de Mayo del 2000 muere de un ataque al corazón en su domicilio mientras dormía, Don Fernando Mena Rul, dejando un vacio en los corazones de su familia entera, que era totalmente dependiente de el tanto económica como afectivamente.

En mi caso que puedo decir, no sabía que tan importante era la presencia de mi padre en el entorno, así que pronto se fue sintiendo mas y mas su ausencia, pero recordando su vida y su obra fui dándome cuenta que esta aun en nuestras vidas y que aunque no fue un hombre público si dejo mucho a los demas, hoy después de casi diez años de su partida se siguen llevando a cabo muchos de sus proyectos y aun siguen vigentes muchas de sus obras.

Aun gente que no lo conocieron se vieron beneficiados por sus donaciones para escuelas primarias y secundarias, centros deportivos, y talleres conalep proyectos sociales, como pozos de agua y rebombeo que fueron utilizados por el municipio y una serie de obra pública comenzada por él, y posteriormente donada, y que hoy en día sigue funcionando, como los tanques Mena 1 y Mena 2.

Cuantos funcionarios se pararon el cuello con sus donaciones, recuerdo que durante la administración del Lic. Joaquín Rodríguez Lugo, que fue inaugurada la Avenida Hermilio Mena avenida que obviamente dono mi padre y que durante el proceso de donación todos los funcionarios hablaban amores de él, todos agradecidos y complacidos, pero el día de la inauguración solo encumbraron al presidente municipal sin ni siquiera un gracias Don Fernando Mena Rul; mi padre no dijo nada pero lo sé porque lo vi, estaba apenado y se sintió defraudado.

Diciembre del 2000 presidencia de Vicente Fox.

Para Enero del 2001 se entablan las primeras negociaciones con los nuevos abogados de las hermanas Romero Mena, llegando a algunos acuerdos en cuanto las sucesiones de ambas familias

En Junio del 2004 se conceden las reparticiones de terrenos entre los herederos y comienzan las adjudicaciones.

La adjudicación no estaba completada y los documentos seguían a nombre de Don Fernando Mena Rul y, se procedió a buscar los usos de suelo factibilidad a su nombre, pues de este modo adelantaría el tramite cosa que no era muy fácil de lograr ya que muchas personas lo conocían en el municipio de Tlalnepantla.

ya sea por sus múltiples donaciones, o su disposición eterna de servir a los demas por lo que fue invitado cosa que lo hizo aceptar ser parte como asociado del archivo histórico de Tlalnepantla, que coordinaba Donato Manuel Medina Lamadrid y que hizo una gran labor, en esta asociación civil, en este caso Don Fernando mena rul, ayudo aportando fotos y documentos al archivo siendo nombrado encargado de la vocalía de promoción y acopio, en 1995 hasta el término de la presidencia municipal de aquel gran político Arturo Ugalde Meneses, y al cual le debo la apertura literalmente, de un negocio de casa de materiales en un terreno en que anteriormente construí y, pues por su cercanía a una gasera, me estaban poniendo muchas trabas, hablando con el sub director de desarrollo urbano que se negaba rotundamente a ayudarnos y al contrario además amenazaba con mandar demoler la construcción y posteriormente cobrarnos los gastos, una ocasión que el presidente municipal tenía una visita a la Zona Oriente, mi padre lo invito a desayunar a San José, y ahí mismo vería por sí mismo la situación geográfica del terreno en la cual verdaderamente no estaba cerca completamente de la gasera y si era factible, o no, quedando todo planeado, una noche anterior que me fui de copas con un amigo, y al no poderme presentar, hable explicándole a mi padre, que yo tenía la llave, como podrían abrir el local, mi padre ya en compañía del presidente municipal y todo su sequito, estaban afuera del local sin llaves y el Sr. presidente, quería verlo por dentro al ver la contrariedad de mi padre Arturo Ugalde le dijo, amablemente, Don Fernando no se preocupe yo traigo unas llaves parecidas a este candado y aunque parezca increíble de forma casi milagrosa, al meter la primer llave abrió instantáneamente el bendito candado, cosa que al principio apeno, un poco al presidente, pero que después fue motivo de risas entre todos los ahí presentes, a las pocas horas mi padre me comunicaría que el próximo lunes salían los dichosos documentos y permisos, por eso es que yo le guardo un gran cariño a Don Arturo Ugalde Meneses, y que posteriormente en 2009 recobrara para el PRI por segunda ocasión a la cabeza de la alcaldía de Tlalnepantla después de más de una década de ser un municipio panista.

Para Septiembre del 2005 se obtienen por parte de las autoridades municipales y estatales la litificación en condominio del lote 31 por parte de Fernando Mena Bravo, y así la primera urbanización de dicho lote y la venta de algunos lotes residenciales.

También salen algunas otras litificaciones por parte de algunos otros miembros de la Familia Mena Bravo.

Comienza a laborar un salón de eventos en parte del lote B 19.

'No ha nacido para la gloria, el que no conoce el valor del tiempo'.

San José 2014

Epilogo

Los destinos se escriben al momento mismo que suceden las cosas, otros piensan que tal vez con antelación, pero lo que sí es un hecho es que cambian profunda y repentinamente con la vidas de las personas, Hermilo Mena Higuera, que por cosas del destino, perdió de muy niño sus padres quedando huérfano, probo la hiel del dolor de perderlo todo, encontró después con sus tíos el cariño que consuela y la miel, al saberse protegido, después heredo con sus hermanas, la hacienda Santa Cruz, al morir sus tíos, construyo la hacienda San José, y perdió la vida asesinado protegiendo su propiedad, y la de sus hermanas, a la edad de cuarenta años, mas tarde mi abuela María de la Luz Rul, con férrea voluntad la mantuvo casi intacta en su extensión hasta su muerte, en 1973 a los ochenta y tres años, y al último Don Fernando Mena Rul, el cual desarrollo la zona industrial y posteriormente la zona residencial, así como la donación de muchos terrenos a las autoridades municipales y estatales, y lo más importante fue la administración impecable a las inmobiliarias, San José y Mena Bravo, por más de cuarenta años, hasta su muerte a los setenta y tres años de edad, creo que ellos, vivieron a su modo, a su tiempo una vida plena y de calidad, lograron trascender por sus valores y sus actos, en pro de sus semejantes, aportando a su comunidad, sin pensar en sus propios beneficios, dejando un legado muy importante y un ejemplo a seguir, con esto daremos por finalizada parte de esta historia donde conocimos toda esta pléyade de personajes contemporáneos a mi familia que vivieron y compartieron un pedazo de vida, esta hacienda que venía de otras haciendas en un lugar en el estado de México que ha estado viendo pasar la historia de México en silencio perene, intacta si acaso un poco modificada, tal vez enfadada, y que si hubiese habido un entendimiento entre los herederos, podría haber seguir por más tiempo, como testigo de las vidas de ellos que por lo visto pinta a que seguirán creciendo y caminando a su propio ritmo.

Ojala puedan evitar deshacerse de la propiedad, y a que se pretende la venta de este hermoso inmueble, que significa tanto para la familia mena tan solo cuatro generaciones de Mena han vivido en San José, y en su interior quedan los recuerdos, alegrías y tristezas que a lo largo de más de cien años, los Mena han vivido ahí y espero, todos los que vienen.

Con mis hijos Diego y Fernando 2004

Paola Mena León 2003

Y de mis antepasados

Con que me quedo de ellos?

Por medio de mi padre aprendí casi de memoria, la totalidad de lo que dice este ensayo, el me enseño el amor a México mi país, su profundo conocimiento de la historia de México y el mundo en general, lo hacia un analista innato, sus charlas con algunos intelectuales, escritores, artistas, de aquel México.

Mis hijos Paola Fernando y Diego Mena León

Gentes de hace mucho, que todavía tenían ese estilo tan de los tiempos de las películas de Emilio Tuero y Joaquín Pardave, Pedro Armendáris de prudencia Grifell y los hermanos Soler, con las que me sentía tan identificado que yo sentía tan mías, y con las que aprendí que las costumbres hacen patria, el respeto a la gente de campo, a la charrería, los caballos y fiesta brava, que mantener una tradición, es la unidad la fuerza de la familia el bien común, es parte de uno mismo y del propio desarrollo como persona y, tener la fuerza de entender, que si uno en verdad está convencido de una idea, no importa lo que los demas digan, hay que seguirla hasta el final sin dudar, y que las cosas hay que hacerlas bien, solo una vez preferentemente; yo no conocí a mi abuelo Hermilo, por que el murió cuando mi padre tenía dos años, sin embargo por medio de mi padre que físicamente era idéntico a su padre, creo haber podido conocer de alguna forma a Hermilo, si por que por medio de la ternura de mi padre envuelta en un carácter fuerte y en algunos casos reprimido, a dar afecto abiertamente, aunque el cariño a los demas y sobre todo a sus hijos se desparramaba por todo su ser, era hombre de buena fe, de una palabra y honorabilidad a prueba de todo, sin dobleces ni envidias a los demas, y el profundo amor a su familia, esposas e hijos, con un amplio sentido del valor de la amistad y a sus raíces, por eso pienso que Hermilo y Fernando perdieron ambos a sus padres muy pequeños, compartían los mismos genes, eran mucho muy parecidos, así eran los Mena.

Un Siglo despues

Por otro lado el de los Rul, de mi abuela Ma de la Luz Rul y Palma, los Mena sacamos el carácter echado palente con carácter, casi irascible, pero que a veces en momentos de tensión extrema nos han ayudado a salir avante, y la perspicacia, o un sexto sentido a ciertas situaciones que también nos ha ayudado en algunos momentos.

No debemos de avergonzarnos de confesar nuestros errores, pues esta confesión equivale a decir que somos más cuerdos que ayer

La verdadera grandeza, es la que no necesita de la humillación de los demas

A mediados del 2006 Fernando Hermilo Mena Bravo vende una porción del Lote 9 de la fracción E a la Iglesia de Jesucristo de los santos de los últimos días, para la construcción de un templo

En mayo del 2006 Fernando Mena Bravo se va a residir con su esposa y sus hijos a la ciudad de Katy, Texas muy cerca de Houston.
Diciembre 2006 llega Felipe Calderón a la presidencia.

En el 2008 las hermanas Romero comienzan la operación de los salones de eventos y las hermanas Mena hacen una granja con fines de educación a infantes, sin ningúna trascendencia.
En el 2012 entra Enrique Peña Nieto al poder.
En el año 20013 se cierre el Restaurante San José después de casi 18 años de servicio.
Para finales de 20013 y principios de 2014 la Hacienda cierra sus actividades quedando si acaso oficinas que atienden la administración del lugar y se pone a la venta el casco terrenos circunvecinos y el panteón.

No se pueden escalar cumbres sin poner el esfuerzo que demandan las ascensiones, L.J. Actis.

Con mis hijos en el chorro del pozo

a medida que va pasando la vida me queda más claro que el tiempo sigue su curso inevitablemente y un día tal y como le paso a mis antepasados yo ya no estaré aquí y solo nosotros tal vez o acaso a los que nos siguen ya sean familiares, lo que en lo personal espero, u tal vez otros, les tocara seguir cuidando este patrimonio tanto cultural como familiar y espero que lo amen y respeten tal y como los que hoy estamos al frente lo hacemos y si aunado a eso nos hace que nos unamos más seria fenomenal, como decía mi padre los de atrás que arreen, al final de todo, piedras sobre piedras, es San José y mientras siga erguido, atreves de los años mantendrá entre sus paredes la energía y la esencia de la familia, una familia y su legado en la historia de este gran país mi México adorado.

El alimento del alma es la verdad y la justicia.

Con esto termina este viaje por el tiempo donde yo soy un sobreviviente al menos de una manera figurada, pues ahora mis hijos y sus contemporáneos recibirán de mi generación la batuta para seguir contando que pasara en San José en los años venideros, y que nos sitúa en la primera década del siglo XXI, donde seguirán las piedras de San José como las grandes testigos del paso de los hombres y sus generaciones, por esta tierra.

Esta fue a grandes rasgos la historia que le toco vivir a mis antepasados y a mí, en este momento al cerrar la edición San José sigue de pie sigue en

manos de la familia, sigue abierto para

que sea conocido por quien lo desee, su

dirección sigue siendo la misma Av. San

José # 13 esq. Altena, san Juan Ixhuatepec Tlalnepantla

Estado de México, otra joya

Arquitectónica en el estado de México

Fin...

Bibliografía

Historia Grafica de la Revolución Mexicana .... Archivo Casasola.
Historia de la Revolución Mexicana y
La Revolución Mexicana Orígenes y
resultados el ocaso.. Jorge Vera Estañol.
Crónica de la Revolución Mexicana ....Roberto Blanco Moheno.
México Mutilado .... Francisco Martin Moreno.
Mexico atravez de los Siglos.. 1884

Hermilo Fernando Mena Bravo.

Biografía

Hermilo Fernando Mena Bravo nació el 22 de mayo de 1963 en la ciudad de México, hijo de Don Fernando Mena Rul y Rosario Bravo de Alva, tercero de cuatro hermanos, y creció en la hacienda san José propiedad de su padre don Fernando,

Ahí conoció la vida sencilla del campo sin salir de la ciudad de México.

Estudio en la escuela Cristóbal Colon, en el colegio Francés Hidalgo, luego hizo sus estudios de preparatoria en Texas Military Institute en San Antonio Texas donde estudio también para piloto aviador.

Regreso a la ciudad de México y estudio derecho en la Universidad Tecnológica de México e hizo un diplomado en la Universidad Anáhuac en la Industria de la Música, luego incursiono en la industria Cnematográfica la actuación y canto y se traslado a vivir a Houston Texas donde vive actualmente con su esposa Suhaila y sus hijos Paola Fernando y Diego Mena León.

Actualmente si sus tareas como desarrollador y en la construcción residencial y comercial lo permiten escribe, tiene algunos cuentos cortos novelas y poemas que también desea publicar.